Grundrecht

Steuerhinterziehung

Karl-Heinz Lenz Verlag

Made in Germany 2015
© 2015 Karl-Heinz Lenz Verlag
Titelbild: Karl-Heinz Lenz
Karl-Heinz-Lenz-Verlag.com
Karl-Heinz-Lenz-Verlag@t-online.de
Alle Rechte vorbehalten

Widmung

Dieses Buch ist allen gewidmet, die in heldenhaftem Einsatz versucht haben Widerstand gegen die Ausbeutung durch den Staat zu leisten!

Steuergeschichte

Die Geschichte der Ausbeutung des gewöhnlichen Volkes durch die Herrschenden und ihre Steuern ist vermutlich so alt wie die Menschheit selber. Allerdings nannte man diese Umverteilung von unten nach oben vor der Einführung des Euros und seiner Vorgänger noch anders. Mal wollten die Herrscher Tribut oder Frondienste. Nicht selten nahmen sie die Menschen auch gleich komplett als Leibeigene. Nicht wenige haben inzwischen das Gefühl, dass sich der Kreis wieder schließt und schon bald die Leibeigenschaft wieder erreicht sein wird. Und dieses Gefühl ist nicht so abwegig. Allerdings ist man in der Neuzeit nicht mehr Leibeigener eines Adeligen, sondern man gehört zu einer nach Belieben ausgenutzten Volksmasse.

Erste Belege für Steuern fanden sich schon vor mehr als 5000 Jahren. Nicht in unseren Breiten, sondern in den arabischen Ländern, die ja auch die Null, also das Dezimalsystem erfanden. Vermutlich war die Erfindung der Null ein reiner Zufall, weil man nach einer Größenordnung für die Steuerlast der Mächtigen suchte und die sollte natürlich möglichst gering ausfallen.

Hier bei uns lebte man noch recht lange und glücklich ohne Steuern. Jedenfalls ist nichts anderes überliefert. Könnte aber auch daran liegen, dass unsere germanischen Vorfahren nichts aufgeschrieben haben. Böse Zungen behaupten, dass sie gar nicht schreiben konnten. Vielleicht hatten sie aber damals schon den Reißwolf erfunden, weil sie das kommende Unheil ahnten. Noch heute steckt diese Lust am Papier vernichten in uns und jedes Jahr am Neujahrsmorgen zieht es viele Unternehmer auf den Boden oder in den Keller, um lustvoll einen ganzen Jahrgang an Steuerunterlagen zu entsorgen. – Wieder ein Jahr nicht erwischt worden.

Bevor jetzt jemand einen großen Fehler macht - vernichtet werden immer nur die mehr als zehn Jahre alten Unterlagen. Die Steuerbeamten gehörten schon zu allen Zeiten nicht zu den schnellsten Staatsdienern und so müssen wir ihnen auch nach Jahren noch die Möglichkeit der Kontrolle bieten.

Die vermutlich herrlichen, steuerfreien Zeiten in Europa gingen aber irgendwann zu Ende. Und wer erfand bei uns die Steuer oder brachte sie aus dem heiligen Land mit? Natürlich die Kirche! Und weil man ja einen gewaltigen Nachholbedarf gegenüber den arabischen Ländern hatte, ging es gleich mit dem sogenannten „Zehnt" los. Man hätte ja auch fünf Prozent nehmen können, jedoch die anderen waren schon weiter und Steuersätze müssen angeglichen werden. Sagt doch auch die EU – wegen der Wettbewerbsverzerrung.

Der Zehnt diente ausschließlich dem Unterhalt des Klerus. Was vermutlich der Grund dafür ist, dass Mönche immer kugelrund und wohlgenährt dargestellt wurden und werden. Mit dem Geld bauten sie riesige Kirchen um das Volk zu beeindrucken und natürlich um es einzuschüchtern, denn nicht immer waren die oft hungernden Bürger von dieser Abgabe begeistert. Um die Gottesfürchtigkeit noch zu steigern, bauten sie in diese Kathedralen der Furcht riesige Orgeln mit gewaltigen Pfeifen. Hinter dem erzeugten Gejaule verblasste jedes Sommergewitter und die armen Sünder saßen zitternd in der grundsätzlich auch noch ungeheizten Kirche.

Wie bei jeder neuen Mode gab es auch hier schon bald zahlreiche Nachahmer. Zum Beispiel versuchte man es mit Zoll- oder Mautgebühren, die zunächst nur der König erheben durfte. Nicht lange und der Adel des Landes setzte eine beispiellose Mautorgie in Bewegung. Überall wo sich die Gelegenheit bot, wurden Mautstationen errichtet. Es gab Brücken- und Wegezoll und die Städte schlossen sich mit einem Torzoll an. Gerechtfertigt wurden diese Abgaben mit dem Hinweis auf die Kosten der Wegeunterhaltung.

Unkritische Chronisten übernehmen diese Darstellungen in der Regel ungeprüft, weil man auch heute noch keinen Ärger mit der Obrigkeit will und überall in den Verlagen sitzen Nachkommen dieser im Volksmund als Raubritter bezeichneten Nutznießer. Es könnte ja sonst jemand auf die Idee kommen, dass all die schönen Schlösser und Burgen eigentlich dem Volk gehören und Adelstitel nicht selten für die besonders gründliche Ausplünderung des Volkes vergeben wurden. Adelstitel für positive Handlungen waren ohnehin eher selten.

Erst seit wenigen Jahren ist es endlich möglich auch kritische Bücher mit unbequemen Wahrheiten ohne große Kosten und unabhängig von überheblichen Verlagen unters Volk zu bringen. Die Rettung war die Erfindung des eBooks und die unproblematische Verbreitung durch Amazon in die ganze Welt. Alles zu extrem niedrigen Kosten und zu guten Bedingungen für die Autoren.

Zu diesen unbequemen Wahrheiten gehört natürlich auch, dass manche Steuern tatsächlich für sinnvolle Sachen erhoben wurden. Tatsache ist aber ebenfalls, dass die Wege schon damals trotz der Zölle in einem miserablen Zustand waren und Arbeiter nicht bezahlt wurden, weil sie ohnehin Leibeigene waren. Man brauchte sie nur so eben am Leben erhalten.

Die Unterdrückung und Ausplünderung der Bauern – damals die Mehrheit im Volke – führte dann auch zu den ersten bekannten Aufständen im Lande. Den Bauernkriegen ab dem Jahre **1523**.

Die Bauern mussten die ständig größer werdende Mischpoke aus Fürsten, Adel, Beamten und Kirche durch ihre Arbeitskraft unterhalten. Ihre durch die Belastungen unwirtschaftlichen Höfe wurden jedoch kleiner und kleiner.

Über die entstehende wirtschaftliche Not und das soziale Elend wird von Steuerchronisten nur selten bis gar nicht berichtet. Die Bauernkriege haben für die „Staatsschreiber" nie stattgefunden oder hatten mit den ausufernden Steuern, Abgaben und Frondiensten nichts zu tun. Für die Oberen waren es wohl eher Leute, die aus Langeweile Radau machten. So eine frühe Art von Hooligans.

Am Ende führte die Gier der Oberschicht zur vollständigen Enteignung der Bauern und zu den berechtigten, aber erfolglosen Aufständen.

Wer hier mit Vergleichen zur heutigen Steuerlast kommt, der hat nicht ganz unrecht, ist seiner Zeit aber etwas voraus. Da ist noch Luft nach oben, aber die wird sicher bald dünner.

Für die Bauern dauerte es noch an die 300 Jahre, bis sie endlich mehr Rechte bekamen. Sicher nicht aus Einsicht, wie es manche Geschichtsverdreher gerne beschreiben. Es war einerseits die Angst vor weiteren Aufständen und vor allem die schlechte wirtschaftliche Lage. Die enteigneten Bauern hatten einfach keine Lust auf harte Arbeit nur für die da oben. Einigen Großgrundbesitzern fiel diese unproduktive Situation ganz spontan nach drei Jahrhunderten auf und sie verpachteten die einst von deren Vorfahren gestohlenen Äcker wieder an die Bauern. Diese konnten endlich halbwegs für sich selber wirtschaften und pflügten, was das Zeug hielt. Viele Adelige hatten nie gelernt zu arbeiten und das Wirtschaften lag ihnen auch nicht. So kam es, dass immer mehr Bauern dem verarmten Adel die gepachteten Flächen abkauften. Und es kam, wie es kommen musste: Bei den Bauern gab es wieder etwas zu holen. Nicht nur Naturalien, sondern auch den einen oder anderen Taler.

Nachdem sich der Besitz von Geld auch bei kleinen Leuten verbreitet hatte, tauchten die ersten Verbrauchssteuern auf. Diesen konnte man nur entgehen, wenn man nichts verbrauchte oder Selbstversorger war. Komisch, dass gerade in der heutigen Zeit wieder viele Menschen über Selbstversorgung nachdenken. Darüber später mehr.

Man begann mit Steuern auf alkoholische Getränke, Salz und sogar auf Lotterien. Nach und nach kamen immer mehr zu versteuernde Waren hinzu. Deshalb wurden die so einträglichen Zölle aber noch lange nicht abgeschafft. Bis heute nicht und die Maut erlebt gerade eine neue Blüte und ist beliebtes Thema unter einfältigen und unausgelasteten Politikern. Auch darüber später mehr.

Die verrückteste Steuer wurde allerdings schon früher in südlichen Gefilden erfunden. Kaiser Vespasian kam schon ein paar Jahre vor Christi Geburt auf den glorreichen Einfall, die öffentlichen Bedürfnisanstalten zu besteuern. Damals entstand der Spruch: Geld stinkt nicht.

Das Ergebnis dieser staatlichen Geldgier waren Seuchen, da viele Bürger wieder die Natur entdeckten und die Klohäuschen abgebaut wurden.

Mit dem Untergang des Römischen Reiches verschwanden auch viele Steuern wieder. Dies lag aber nicht daran, dass die neuen Herren in der Welt und auch in Deutschland bürgerfreundlicher geworden waren. Es lag einfach daran, dass man die Grundbücher nicht mehr ordentlich oder gar nicht führte und der König auch nicht so recht die Zahl seiner Untertanen kannte. Die Römer hatten, wie wir aus der Weihnachtsgeschichte wissen, ab und zu Volkszählungen durchgeführt. Im Heiligen Römischen Reich deutscher Nation dagegen gab es schon damals viele Bedenkenträger und so setzte sich die gesunde Auffassung durch, dass der König aus seinem eigenen Vermögen leben sollte. Bei dem gewaltigen Vermögen der damaligen Herren eigentlich auch kein Problem, denn ihnen gehörte ja fast alles.

Diese heile Welt hatte natürlich auch wieder keinen langen Bestand, denn der Finanzbedarf der Herrscher steigt immer und sinkt nie. Somit gab es dann zum Beispiel eine direkte Steuer zu zahlen, wenn die Königstochter heiraten wollte. Es ist nicht überliefert, ob dieser zusätzliche Finanzbedarf mit dem Aussehen der Prinzessinnen zu tun hatte, abwegig ist es aber auch nicht. Die Inzucht in diesen Kreisen war schon immer ein Problem und man sprach beim Stammbaum eines Adeligen nicht selten von einem Kreis.

Die Gründe für neue Steuererhebungen wurden dann auch bald zahlreicher und gingen von Steuern für Lösegeldforderungen über Hungersnöte bis zu den üblichen Kriegen, die bei Hofe mangels anderer Unterhaltung einen hohen Stellenwert hatten. Damals war es ja auch eine ausgemachte Sache, dass nur das gewöhnliche Volk zu sterben hatte. Könige und Fürsten einigten sich ganz einvernehmlich bei einem ausladenden Bankett über Gebietsabtretungen des Verlierers. Dieser sah die Sache ebenfalls gelassen und sportlich und versuchte sein Glück ein paar Jahre später erneut. Das Volk brauchte ja etwas Zeit um neue Soldaten groß zu ziehen und gleichzeitig Vermögen für neue Steuern zu erwirtschaften. Erstaunlich ist, in welch kurzen Zeitabständen dies immer wieder gelang.

Irgendwann wurde es dann der Kriege doch zu viele und neue Steuern mussten her.

Eines unterscheidet die Steuern damals von den Steuern heute: Die Bezeichnung der Steuer hatte eine gewisse Ehrlichkeit. Zum Beispiel führte man den „Gemeinen Pfennig" ein. Nicht etwa den Mehrwert-Pfennig oder ähnlich. „Gemein" ist da doch schon viel treffender. Mehrwert klingt dagegen fast positiv. Allerdings blieb es natürlich nicht bei dem einen Pfennig. Alle neuen Steuern beginnen grundsätzlich mit einem geringen Steuersatz und enden irgendwann immer bei mindestens 100 Prozent.

Der Gemeine Pfennig war auch sonst eher gemein, denn er wurde willkürlich auf alles Mögliche erhoben. Da es aber noch keine einheitlichen Steuerbehörden gab, konnten die Bürger sich noch relativ leicht vor der Abzocke drücken.

Dann kam die sogenannte Neuzeit und es bildeten sich richtige Staaten, wie zum Beispiel Frankreich und Russland. Deutschland war da noch ein regelrechter Flickenteppich aus lauter Fürsten- und Herzogtümern oder wie diese Herrscher sich auch sonst immer bezeichneten.

Mit den großen Territorialstaaten kamen auch neue Ideen und Moden auf. Bis dahin hatte man vor jedem neuen Krieg mühselig Soldaten angeworben oder zwangsverpflichtet. Die hatten natürlich keine Ahnung vom Marschieren und sahen auch ziemlich heruntergekommen aus. Jetzt wollte man unbedingt ein stehendes Heer, denn vor den immer größer werdenden Protzschlössern konnte man ja wohl unmöglich so eine tölpelhafte Bauerntruppe parodieren. Geht ja gar nicht! Auch für die großen Paraden auf den Prachtstraßen mussten bunte und schicke Uniformen her. Die Kavallerie wollte keine Ackergäule mehr und außerdem brauchte man die Zugtiere ja auch für die dicken Kanonen. Das alles kostet natürlich! Historiker berichten, dass in dieser Zeit die Waage zulasten der Armen kippte. Ist ja auch klar, denn die Anzahl der Armen war ja schon immer größer als die der Reichen.

Ein französischer Finanzminister prägte damals den Ausspruch: Steuern erheben ist die Kunst, die Gans so zu rupfen, dass möglichst wenig Gezische entsteht.

Trotzdem kam es zur Französischen Revolution, die unter anderem auch durch hohe Steuern ausgelöst wurde. Danach wurde viel von Gleichheit geschwafelt, aber es nahm alles wie immer seinen ganz normalen Lauf. Kluge Köpfe warnten zwar vor zu hohen Steuern, aber die Mächtigen brauchten die Kohle dringend für ihren ausschweifenden Lebenswandel. Während die kleinen Leute die wenigen Fettaugen auf ihrer mageren Suppe zählten, so zählten die Reichen ihre Schlösser.

Als **1815** auf dem Wiener Kongress der Deutsche Bund gegründet wurde, waren auch wir endlich bei den Großen dabei. Kurze Zeit später übernahm Preußen die Macht im Staate und es entstanden Steuerbehörden, wie wir sie heute so schätzen. In dieser Zeit wurde uns die Demut vor dem Staate und vor allem vor seinen Beamten beigebracht. Das sitzt tief und fest!

Um 1820 herum schaffte Preußen die direkten Steuern ab und führte die Einkommensteuer ein. Dazu teilte man das Volk in drei Klassen ein, wobei nicht das genaue Einkommen, sondern äußere Merkmale die Zugehörigkeit bestimmten. Um die Steuermoral zu verbessern, wurde diese Einteilung auch gleich mit einem Dreiklassenwahlrecht verbunden. Alle konnten sehen, wer es zu etwas gebracht hatte, denn die Wahlen waren nicht geheim, sondern öffentlich. Unter diesen Umständen wählte natürlich keiner aus der Oberschicht die Sozis. Wäre ihm nicht gut bekommen!

Auf diesen genialen Einfall mit dem Wahlrecht nach Steuerlast waren aber nicht nur die Preußen gekommen. Auch in Lübeck hatte man denselben Einfall.

Wer nun glaubt, dass es das ja heute nicht mehr gibt, der hat nur ein bisschen Recht. Unmittelbar nach Abschaffung des Mehrklassenwahlrechts entstand der Lobbyismus und dieses Geschwür wuchert bis heute in allen Hauptstädten. Man könnte trefflich darüber streiten, welches System nun besser war. Eines ist aber klar, der Lobbyismus ist extrem teuer, bindet gewaltige Kräfte und verhindert schnelle Entscheidungen, bis dieselben keiner mehr benötigt. Am Ende wundert sich der Bürger dann über den ausgebrüteten Unfug, den niemand mehr versteht, einschließlich der etwas unterbelichteten Politiker, die selten über eine längere Berufserfahrung verfügen und noch seltener über selbst aufgebaute Unternehmen. Ihre Stärke liegt heute in der Kunst der freien Rede und der Verschleierung von Korruption. Vielen gelingt selbst dies nicht.

Nach dem letzten von Deutschland gewonnenen Krieg 70/71 gegen Frankreich bekam das Volk dann zur Belohnung endlich ein anständiges Steuergesetz von Reichskanzler Otto von Bismarck. Und die damaligen Steuersätze – einfach himmlisch. Es gab auch nur drei verschiedene Steuerarten. Die Einkommensteuer, Vermögensteuer und Gewerbesteuer. Die Steuerprogression begann mit einem Steuersatz von 0,62 Prozent für Jahreseinkommen von 950 bis 1.050 Mark und endete bei 4 Prozent ab einem Jahreseinkommen von 10.000 Mark.

Neben den Schlössern und Burgen, die ein König oder Kaiser dringend benötigte, war auch noch der Spieltrieb des Monarchen zu finanzieren. Natürlich war es nicht standesgemäß, wenn eine hohe Persönlichkeit eine Spielzeugeisenbahn durch den Palast schob. Da musste schon etwas Repräsentativeres her. Zufällig ergab es sich, dass die Spielkameraden unseres Kaisers in England ständig mit ihrer Kriegsflotte angaben und protzig vor der deutschen Küste auf und ab fuhren. Meistens ließen sie ihn nicht einmal mitspielen, denn er hatte ja nur so billiges Spielzeug. Keine Markengeräte.

Die Lösung seines Problems war natürlich, wie konnte es anders sein, eine Steuer für das Volk. Immerhin traf es die Armen nicht so besonders, höchstens zu Weihnachten, denn viel häufiger konnte sich der kleine Mann und die kleine Frau ohnehin keinen Sekt leisten. Die Schaumweinsteuer war geboren und die Spielzeugindustrie in Form von Großwerften begann zu produzieren.

Obwohl es nie zu einem Flugzeugträger reichte, zahlen wir den Unfug noch heute. Freiwillig, denn es wird ja niemand gezwungen Schampus zu trinken.

Im Jahre 1914 gefiel es dem Kaiser, sich mit seinem neuen Spielzeug an einem Krieg zu beteiligen, der von seinem Verbündeten in Österreich ausgelöst wurde. Zwei Jahre später (mitten im Krieg) stellte er fest, dass ihm dazu trotz Schaumweinsteuer immer noch viel Geld fehlte. So viel Sekt wird nun auch nicht getrunken.

Menschen, die sich erschießen lassen sollten, hatte der Kaiser ausreichend. Das gewöhnliche Volk war ihm aber völlig egal und so ging es wie immer nur um das Geld und dafür waren die einfachen Bürger dann wieder gut genug. Sie durften nicht nur den Kopf hinhalten, sondern durften das Gemetzel mit einer neuen Umsatzsteuer auch noch selber bezahlen.

Nach dem verlorenen Krieg änderte sich einiges. Der Kaiser ging ins Exil, aber die Steuerbeamten blieben. Umgekehrt wäre es für das Volk vielleicht besser geworden, aber schließlich gingen ja Generäle und Politiker davon aus, dass nur der mangelnde Durchhaltewille des Volkes die Niederlage verursacht hatte. So geschah es den Bürgern natürlich auch recht, dass es der Steuerbeamten immer mehr wurden. Wo sollte man auch mit den vielen arbeitslosen Offizieren hin? Einen anderen Beruf hatten sie nie gelernt und eine warme Amtsstube doch nun wirklich verdient.

Aus dieser Zeit stammen auch die ersten Beamtensprüche. Zum Beispiel: Wem Gott ein Amt gibt, dem gibt er auch Verstand.

Beamte und Politik konterten mit Lobeshymnen auf den deutschen Beamten. Noch heute bemerkt man diesen ungebrochenen Trend, wenn man einen öffentlich rechtlichen Fernsehsender einschaltet. Die größte Lobhudelei sind Krimiserien, wie der Tatort. Jede neue Folge beginnt mit fast identischen Einstellungen. Der Kommissar (Beamter) ist in Urlaub – egal wo auf der Welt – für jeden Mord eilt er sofort zurück, um die Missetäter zu schnappen. Der Kommissar liegt im Bett – mit Frau oder Freundin oder nur so – das Telefon klingelt und er springt noch halb nackt aus der Wohnung. Der Kommissar ist krank und liegt auf der Intensivstation. Kein Problem! Er reißt sich die Kabel und Schläuche vom Leib und humpelt aus dem Krankenhaus direkt an den Tatort.

So ist es auch nicht verwunderlich, dass man den Finanzminister, der 1920 die Steuern in ungeahnte Höhen trieb, wie einen Helden feierte. Jedenfalls unter seinesgleichen. Allerdings starb er nur ein Jahr später und so wird uns für immer verschlossen bleiben, ob er sich nicht nur um eine Null vertan hatte, denn er änderte den Einkommensteuerhöchstsatz von 4 auf 60 Prozent. Nur in einfachen Strickmustern denkende Menschen würden hier auf einen gewollten Höchstsatz von 6 Prozent kommen. Fachleute schreiben noch heute begeistert über diesen Mann und seine Weitsicht. Und wenn er es wirklich so gewollt hatte, dann war er richtig gut, denn dieser Steuersatz hielt bis fast in die heutige Zeit.

Ein weiterer Punkt seiner vorausschauenden Denkweise war die Vereinheitlichung aller Steuersätze in den verschiedenen deutschen Ländern. Mit diesem Argument werden noch heute viele Steuern erhöht. Irgendwo auf der Welt gibt es immer einen höheren Satz und eine Angleichung nach unten geht ja gar nicht!

Wörtlich wurde er dafür gelobt, dass man nun immer effizienter auf Vermögen und Einkommen der Bürger zugreifen konnte.

Erkenntnis: Wer die wirklichen Helden unserer Zeit sucht, der findet sie nicht mehr auf den Schlachtfeldern, sondern in den Amtsstuben. Oder sind Amtsstuben nur die heutigen Schlachtfelder?

Jede Freude ohne Alkohol ist nachweislich künstlich. So kam es zu dem seltenen Fall, dass eine Steuer (Schaumweinsteuer) für ein paar Jahre ausgesetzt wurde. Die wirtschaftliche Lage war 1933 so schlimm, dass die Menschen in eine Depression verfielen und sich die Lage schön saufen sollten. Das ging allerdings kräftig daneben, denn sie waren so berauscht, dass sie einen österreichischen Gefreiten zu ihrem GRÖFAZ wählten. Diesen „Größten Feldherren aller Zeiten" hätte nüchtern sicher keiner gewählt.

Und es kam, wie es kommen musste, diese lächerliche Witzfigur wollte noch mehr Spielzeug als der Kaiser. Um seine U-Boot-Flotte zu finanzieren, wurde die Schaumweinsteuer wieder eingeführt und bis heute nicht mehr abgeschafft. Das macht ja nichts, das merkt ja keiner.

Im Dritten Reich wurden nicht nur Sondersteuern für jüdische Mitbürger eingeführt, um an ihr Vermögen zu kommen, es wurden auch alle anderen Steuerpflichtigen strenger behandelt.

Zum Beispiel galt von da an der Satz: im Zweifel für den Fiskus. Diese Ungerechtigkeit gilt bis heute. Ein Bescheid, ist er auch noch so abwegig, muss zunächst bezahlt werden. Danach kann man dann sehen, wie man wieder zu seinem Recht und Geld kommt.

Das Reich hielt dann doch nicht die beabsichtigten 1000 Jahre, sondern ging sehr schnell wieder unter. Damit Deutschland nicht wieder so einen schrecklichen Krieg beginnt, wollten die Siegermächte zunächst einen reinen Agrarstaat aus unserem verbliebenen Restreich machen. Von dieser Idee kam man aber schnell wieder ab und zwang uns stattdessen zu einem föderalen Staatssystem. Dieses Durcheinander von Zuständigkeiten zwischen den einzelnen Bundesländern und der Bundesregierung lähmt uns nun schon mehr als 60 Jahre.

Auch die finanziellen Hoheitsrechte wurden zwischen Bund und Ländern aufgeteilt und vervollständigten das Chaos äußerst effektiv. Nicht eine einzige wirkliche Steuerreform konnte durchgesetzt werden, weil mindestens einer der vielen Landesfürsten etwas dagegen hatte. Es wurde auch nicht besser, als die ersten Ministerpräsidentinnen an die Macht kamen. In Schleswig-Holstein schaffte es die Frau an der Spitze sogar eine Landesbank an die Wand zu fahren, indem man diese zu immer riskanteren Geldanlagen zwang, um mehr Gewinn für die Staatskasse zu generieren.

Das föderale Steuersystem jedenfalls bescherte uns eine Steuerlast, die längst zu Bauernkriegen hätte führen müssen. Aber es gibt ja kaum noch Bauern.

Steuern

In Deutschland gibt es um die 50 verschiedene Steuern. So jedenfalls die Aussage des Internets. Das ist aber nur die halbe Wahrheit. Die Wirklichkeit sieht ganz anders aus, denn die Politiker sind seit ein paar Jahren dazu übergegangen, ihre weiteren Steuern als Gebühren oder Beiträge zu tarnen. Ihre neueste Errungenschaft ist gerade die Maut auf alle möglichen Fahrzeuge. Damit aber nicht genug, es gibt zusätzlich auch noch Steuern, da wo sie keiner vermutet. Aber der Reihe nach. Wir beginnen mit den ganz normalen Steuern:

Lohn- und Einkommensteuer

Fast ein Drittel aller Steuereinnahmen kommen aus dieser Quelle. Grundlage der Berechnung ist das zu versteuernde Einkommen. Es werden allerdings nicht alle gleichbehandelt. Zunächst gibt es einen Grundfreibetrag für jeden und dieser wurde durch Gerichtsbeschluss auf das Existenzminimum erhöht und liegt im Jahre 2014 bei 8.354,- Euro. Für zusammen veranlagte Ehepaare verdoppelt sich dieser Satz. Außerdem gibt es noch Freibeträge und Werbungskosten. Weitere Einzelheiten würden den Rahmen dieses Buches sprengen und auch nicht das Ziel meiner Ausführungen. Für die eigene Steuererklärung gibt es Steuerberater und Hilfsvereine. Vorsicht! Viele Steuerberater sind ehemalige Finanzbeamte und stehen nicht selten mit einem Fuß noch immer auf der anderen Seite.

Das zu versteuernde Einkommen ergibt sich nicht nur aus Lohn- und Gehaltszahlungen, es können unter anderem auch Einkünfte aus Vermietung und Verpachtung sein oder Kapitalerträge. – Wer hat da gelacht? Gut, im Jahre 2014 wurden die Zinsen auf Bankguthaben so gut wie abgeschafft, denn die Banken brauchten den Sparer nicht mehr. Er stört eigentlich nur noch. Die Europäische Zentralbank überschüttete stattdessen die Banken mit fast kostenlosem Geld in jeder beliebigen Menge.

Bleiben also noch Kapitalerträge aus Aktienvermögen, die leider auch immer mickeriger werden.

Nach dem Grundfreibetrag beginnt der Eingangssteuersatz mit 14 Prozent und endet mit dem Spitzensteuersatz von 45 Prozent für die Besserverdienenden. Der Eingangs- und der Spitzensteuersatz waren beide schon mal etwas höher und so könnte man denken, dass der Staat immer weniger von uns will. Diese Freude ist aber nur von kurzer Dauer und wird mit jeder weiteren Steuer meiner Aufzählung getrübt.

Dank der Gerichte gibt es jedenfalls dieses unversteuerte Existenzminimum für Geringverdiener. Eine auf den ersten Blick eindeutige Verbesserung gegenüber der Zeit vor den Bauernkriegen. Aber nur auf den ersten Blick, denn das Existenzminimum unterliegt selbstverständlich all den anderen ständig steigenden Lasten.

Auch die Senkung des Spitzensteuersatzes hatte nichts mit einer staatlichen Wohltat zu tun. Den Politikern war nur aufgefallen, dass ihnen die braven Steuerzahler ins Ausland abwanderten.

Körperschaftssteuer

Während die vorhergehende Steuer von natürlichen Personen zu zahlen war, so gilt die Körperschaftssteuer den GmbHs, Vereinen und Aktiengesellschaften. Im Gegensatz zu den Personen bekamen diese eine Flatrate von 15 Prozent. Auf den ersten Blick eine schreiende Ungerechtigkeit! Wie immer nur auf den ersten Blick, denn jede Firma verfolgt nur einen Zweck, die möglichst hohe Geldausschüttung an die Eigentümer! Und diese Einkünfte unterliegen sofort der folgenden Steuer.

Kapitalertragssteuer

Die Kapitalertragssteuer ist eine Art Einkommensteuer und der Satz beträgt im Erscheinungsjahr dieses Buches 25 Prozent. Wie bei allen Steuern ist auch hier eine stark steigende Tendenz zu verzeichnen und daher sind alle Zahlen in diesem Buch unter Vorbehalt zu sehen.

Die Kapitalertragsteuer wird von Aktiengesellschaften, Versicherungen und Banken sofort an der Quelle (Quellensteuer) eingezogen und an den Fiskus überwiesen. Der Staat traut seinen Bürgern schon länger nicht mehr über den Weg und arbeitet gefühlt ausschließlich an der finanziellen Überwachung. Die Politiker faseln ständig vom Datenschutz und betreiben genau das Gegenteil.

Solidaritätszuschlag

Auf alle drei vorgenannten Steuern kommt seit 1991 der „Soli" oben drauf. Er wurde mit der Deutschen Einheit begründet und wird wohl nie mehr verschwinden. Der Steuersatz beträgt z. Zt. 5,5 Prozent. Wenn man es genau nimmt, dann wird er bei Aktiengesellschaften sogar doppelt erhoben. Zunächst versteuern diese ihren Betriebsgewinn mit 15 Prozent plus 5,5 Prozent Soli. Somit kann die AG ihren Aktionären nur einen um 20,5 Prozent reduzierten Gewinn ausschütten. Dieser ausgeschüttete Gewinn wird dann nicht nur mit der Kapitalertragssteuer belastet, sondern wiederum mit dem Soli. Ein klassischer Fall von Doppelbesteuerung. Darüber regen wir uns aber nicht auf, denn die X-Fach-Besteuerung ist längst gängige Praxis.

Kirchensteuer

Die Kirchensteuer ist wohl die einzige Steuer, die man tatsächlich freiwillig zahlt. Allerdings droht einem beim Austritt die ewige Verdammnis im Fegefeuer. Daran glauben nicht wenige und bleiben sicherheitshalber in der Kirche. Man kann ja nie wissen.

Der Steuersatz wird von den einzelnen Bundesländern festgesetzt und nach dem Lohn- oder Einkommensteueraufkommen berechnet. Es können aber auch andere Steuern hinzugezogen werden. So gierig wollten die Kirchen dann aber doch nicht sein.

Wer dann eines Tages doch den Mut zum Austritt gefunden hat, der zahlt trotzdem. Die sogenannte Staatsleistung an die Kirchen ist vielen nicht bekannt und wird absichtlich meist verschwiegen. Das Volk muss nicht alles wissen! So um die 500 Mio. Euro zahlen wir alle mit unseren Steuern jährlich an die Kirchen. Damit nicht genug, dieser Betrag ist an die Beamtengehälter gekoppelt und steigt somit jährlich. Die Verwendung wird nicht vorgeschrieben. Gleichzeitig sinken die Mitgliederzahlen der Kirchen drastisch. Schneller als die Kirchen zugeben. Es gibt nicht nur Austritte, viele Kinder werden gar nicht mehr getauft. Im Gemeindebrief der örtlichen Kirchen kann man es anschaulich betrachten. Zwei Seiten Todesfälle und höchstens eine Seite mit Taufen. Die Anzahl der Austritte verschweigt man.

Wer clever ist, der tritt jetzt wieder ein und kann in ein paar Jahren, als dann vermutlich einziges Mitglied der Gemeinde, zusammen mit dem Pastor, die immer noch steigende Staatsleistung verprassen.

Begründet wird diese Staatsleistung von kirchlicher Seite her mit der Enteignung der Kirche durch den Staat im Jahre 1803. Die Kirche hatte sich im Laufe ihrer Geschichte gewaltige Ländereien unter den Nagel gerissen. Nach dem Motto: wenn der Taler im Kasten klingt, die Seele in den Himmel springt. Heute würde man sagen: Bei uns sitzen sie im Himmel in der ersten Reihe.

So manchem Väterchen oder Mütterchen hatten die Pfaffen am Sterbebett den einen oder anderen Acker oder gleich den ganzen Hof abgeschwatzt. Der Herrgott im Himmel wird es dir danken. Nichts wird er, denn diese Machenschaften der Kirchen waren und sind reiner Betrug. Sie vergeben den Seegen Gottes ohne jeden Auftrag. Den haben sie sich selber ausgedacht und damit seit Gründung der Bundesrepublik 15 Milliarden erschlichen. Verfassungsrechtler halten diese Zahlungen für verfassungswidrig, da Staat und Kirche getrennt wurden. Aber was kümmert unsere Politiker ein Gesetz oder die Verfassung. Fragt sich nur, warum wir uns immer daran halten sollen?

Mehrwertsteuer

Im Gegensatz zu den vorhergehenden Steuern, die dem Bürger schon abgezogen werden, bevor er seinen Lohn überhaupt in den Händen hält, werden die folgenden Steuern erst durch die eigenen Handlungen ausgelöst. Sind also theoretisch vermeidbar. Natürlich nur theoretisch, denn kaum einer wird sich vollständig mit Nahrung, Wohnraum und Energie selbst versorgen können.

Die Einzelheiten dieser komplizierten Steuer würden den Rahmen dieses Buches sprengen und den Leser langweilen. Daher beziehe ich mich hier auf die für unser Thema wichtigen Punkte.

Wie schon bei der früheren echten Umsatzsteuer wird auch bei der Mehrwertsteuer jeder Zwischenverkauf erneut voll besteuert. Allerdings dürfen die Unternehmen die an andere gezahlte Mehrwertsteuer als Vorsteuer gegenrechnen. Somit wird nur der Mehrwert besteuert.

Im Gegensatz zur alten Umsatzsteuer aber wesentlich höher. Im November 2014 lagen wir bei 19 Prozent. Ich erwähne hier nicht nur das Jahr, sondern auch den Monat, weil unsere Politiker inzwischen zu ganz spontanen Steuererhöhungen neigen. Früher hätte man sie dafür gelyncht, aber heute jubelt die Mehrheit der Bevölkerung euphorisch. Für dieses unnatürliche Verhalten haben die angeblich unabhängigen Medien gesorgt, die nicht müde werden die allerdämlichsten Begründungen der Politiker zu bejubeln und zu begrüßen. Schlimm ist, dass diese Propaganda kaum einer bemerkt und die, die noch etwas merken, müssen die unerträgliche Gehirnwäsche trotzdem bei der Gebühreneinzugszentrale (GEZ) bezahlen. Ob sie wollen oder nicht.

Vergleiche mit dem Dritten Reich sind ja etwas ganz schlimmes und die Gutmenschen fallen auch sofort über einen her, aber verkneifen kann ich mir diesen Vergleich trotzdem nicht. Vielleicht belehrt mich ja auch jemand eines Besseren. Jedenfalls bin ich mir ziemlich sicher, dass unsere Vorfahren für die Propaganda aus dem Volksempfänger keine Zwangsgebühren zahlen mussten. Wer den Schwachsinn nicht hören wollte, der konnte sein Radiogerät einfach abschaffen.

Heute ertappe ich mich immer wieder dabei, dass ich politische und andere schlimm eingefärbte Sendungen abschalte und erstaunt darüber bin, dass das Abschalten noch möglich ist. Nicht mehr lange und die Kiste schaltet sich automatisch ein, wenn Mutti (Bundeskanzlerin Merkel) eine neue Steuer verkündet und begründet.

Wer nach den bisher beschriebenen Steuern schon ans Auswandern denkt, der sollte sich seine neue Heimat gut aussuchen. Es gibt nicht wenige Länder mit weit höheren Steuersätzen. Unser Nachbarland Dänemark ist da ganz weit vorn. Der Mehrwertsteuersatz beträgt 25 Prozent und es gibt keinen ermäßigten Satz für Lebensmittel oder Tiernahrung. Dazu kommt, dass die gezahlte Mehrwertsteuer nicht immer als Vorsteuer geltend gemacht werden kann. Zum Beispiel scheint der dänische Staat eine große Abneigung gegen Autos zu hegen und belegt sie zusätzlich noch mit einer Luxussteuer von bis zu 100 Prozent. Viele Dänen können sich inzwischen kein Auto mehr leisten und ihren Frust mit Alkohol zu bekämpfen wird ihnen ebenfalls mit gewaltigen Steuern erschwert. Nicht einmal einen Restaurantbesuch können sie sich erlauben und wenn doch, dann müssen sie erst einmal eines finden. Auf dem platten Land sucht man jedenfalls vergebens. Einzig ein paar Frittenbuden mit einem extrem ungesunden Angebot stehen dem angeblich glücklichsten Volk der Erde zur Verfügung. Und nicht selten schließt die Küche schon vor acht, weil sich keine Kneipe die hohen Mindestlöhne für den Koch leisten kann. Fragt sich nur, was hohe Mindestlöhne bringen, wenn der Koch nur für ein paar Stunden bezahlt wird.

Vielleicht sind die Dänen ja auch so zufrieden, weil sie eigentlich jeden Abend gemeinsam zu Hause verbringen müssen. Und einmal die Woche mindestens fahren sie alle nach Deutschland und kaufen kräftig ein. Und da sieht man dann richtig zufriedene Gesichter. Noch sieht man sie, denn unsere Regierung dreht ja kräftig an der Steuerschraube und wird diesen unerträglichen Rückstand schon bald aufholen. Natürlich wieder mit der logischen Begründung, dass die Steuersätze in der EU angeglichen werden müssen.

Versicherungssteuer

Für mich ist die Versicherungssteuer eine getarnte Mehrwertsteuer. Noch vor wenigen Jahren war der Steuersatz relativ gering, aber dann muss dem Finanzminister klar geworden sein, dass man mit diesem verblödeten Volk so ziemlich alles machen kann. Entschuldigung für diese harten Worte, aber ich habe noch keinen getroffen, der über den drastischen Anstieg des Steuersatzes stolperte oder sich gar entrüstete. Ist natürlich auch gut gemacht. Man erhöht einfach den gerade geltenden Mehrwertsteuersatz und somit fällt keinem was auf. Allerdings ist der Vorsteuerabzug hier natürlich ausgeschlossen und somit haben wir es mit einer extrem hohen Steuer zu tun. Aber das merkt ja keiner.

Anmerkung: Bei einzelnen Versicherungen gibt es, wie bei der Mehrwertsteuer auch, einen ermäßigten Satz. Und außerdem soll es ja auch schon Versicherungen für den Fall geben, dass sie ihre Versicherungen nicht mehr bezahlen können.

Grunderwerbsteuer

Mit dieser Steuer kommen wir auch gleichzeitig zur gelungensten Verarschung des Volkes durch Politiker. – Ich muss mich schon wieder für meine Wortwahl entschuldigen, aber anders kann man diese Unverfrorenheit nicht beschreiben. – Bis 1982 betrug der Regelsteuersatz 7 Prozent vom Kaufpreis eines jeden Immobiliengeschäftes. Also höher als der höchste Satz heute, denn der liegt im extrem links (schlecht) regierten Schleswig-Holstein bei 6,5 Prozent. Alle anderen nehmen wesentlich weniger. Dieser hohe Satz der Küstenkoalition hat aber auch seinen tieferen Sinn. Die Linken haben irgendwann gemerkt, dass sie nur von Leuten gewählt werden, die so gut wie kein Eigentum besitzen und ihre Zeit in den Schlangen vor den Suppenküchen verbringen. Ihnen kann also gar nichts Schlimmeres passieren, als dass die Leute womöglich noch ein kleines Häuschen ihr Eigen nennen. Hauseigentümer wählen durchweg konservativ und somit ist die Platte das Endziel linker Wohnungsbaupolitik. Und sie sind damit äußerst erfolgreich.

Und wo bleibt die Verarschung? Wie immer alles gut getarnt. Wie gesagt, der Regelsteuersatz lag 1982 bei 7 Prozent. Allerdings waren 80 Prozent der Immobiliengeschäfte von der Steuer befreit. Zum Beispiel wurde eine selbst genutzte Immobilie gar nicht besteuert. Diese Regelung und noch einige Förderungen mehr führten zu einem Bauboom und zu immer mehr Eigentum in der Bevölkerung.

Im Jahre 1983 kamen dann Regierung und die schon damals gleichgeschalteten Medien mit der frohen Botschaft an die Öffentlichkeit, dass die Grunderwerbsteuer von 7 auf 2 Prozent gesenkt wird. Kaum einer schaute auf das Kleingedruckte und da stand, dass die Befreiung für selbst genutzten Wohnraum abgeschafft wird. Damit war diese Steuersenkung in Wahrheit für die meisten eine Erhöhung um 2 Prozent. Nur die Baukonzerne, die hatten tatsächlich eine Senkung von 5 Prozent. Auch das macht ja nichts, das merkt ja keiner!

Grundsteuer

Die Grundsteuer ist eine Gemeindesteuer und jede Gemeinde kann die Höhe durch einen Hebesatz bestimmen. Zur Berechnung wird der vom Finanzamt festgestellte Einheitswert angewendet. Somit fällt die Steuer in jedem Ort anders aus.

Einzelheiten zur Berechnung erspare ich uns hier, denn besonders bei dieser Steuer haben sich unzählige Verschlimmbesserer ausgelebt. Wer es sich trotzdem antun will – es gibt genügend Lektüre für lange Winterabende, die auch als Einschlafhilfe gute Dienste leistet.

Bisher lebte diese Steuer eher ein Schattendasein, denn der jährlich zu leistende Betrag fiel kaum auf. Dies ändert sich nun aber gravierend. Besonders die links regierten, und daher besonders klammen Kommunen, wecken die Steuer und ihre Opfer gerade aus einem langen Dornröschenschlaf. Viele Hauseigentümer werden sich in den nächsten Jahren beim Anblick ihrer Kontoauszüge die Augen reiben und einer der ältesten Steuern überhaupt endlich den gebührenden Respekt erweisen. Vielleicht werden sie auch die Weitsicht ihrer gewählten Gemeindevertreter loben und sich erstmals auf eine Gemeinderatssitzung begeben. Und die Gemeinderäte werden darüber staunen, wer so alles in ihrem Dorf wohnt und wie aufgebracht die alle sind.

Kraftfahrzeugsteuer

Kann eine Steuer dämlich sein? Sie kann – und wie! Man erkennt die Dämlichkeit einer Steuer daran, wie sie die dümmsten Politiker anzieht, wie das Licht die Motten. Besonders die Grünen versuchen mit dieser Steuer und durch immer neue Änderungswünsche die Welt oder zumindest das Klima zu retten.

Mit diesen Steuerpeanats - mehr kommt da wirklich nicht heraus - spielen sämtliche unausgelasteten Politiker unseres Landes herum und beschäftigen damit ein Heer von völlig überflüssigen Beamten. Es gab sogar ab und zu den Vorschlag diese Ministeuer, die nicht einmal für den eigenen Verwaltungsapparat ausreicht, abzuschaffen. Das gab natürlich einen Aufschrei der Entrüstung. Am Ende hätte das Volk noch gemerkt, dass man locker Verwaltung und Politik halbieren könnte, ohne dass es jemand merkt. Natürlich wird die sinnlose Steuer nicht abgeschafft, denn Verwaltung und Politik haben bei uns das Sagen und die werden sich doch nicht ihre schönen Pöstchen selber abschaffen.

Statt einer vernünftigen Entscheidung geht der Schwachsinn also weiter und weiter. Mal wird die Steuer von sechzig auf siebzig Euro jährlich angehoben, weil der Wagen mit Benzin statt mit Diesel fährt. Dann kommen die Linken (SPD, Grüne) dran und machen den Hubraum zum Götzen. Da kostet dann der Geländewagen plötzlich gewaltige zehn Euro mehr im Jahr. Mit dieser drastischen Änderung wollen sie das Klima retten, denn wer zehn Euro mehr für den Geländewagen zahlen muss, der entscheidet sich natürlich sofort für einen Kleinwagen. Das Resultat dieser geistigen Leistung sehen wir täglich im Straßenverkehr – immer weniger Geländewagen. Kann man sich ja bildlich vorstellen, wie so ein Multi im Autosalon steht und zum Verkäufer sagt, dass er so gerne ein großes Auto fahren würde, aber diese 50 Euro Kraftfahrzeugsteuer, die bringen mich um.

Es wäre ja alles nicht so schlimm, wenn unsere unterbelichteten Politiker nur selbst daran glauben würden. Schlimm ist, dass die Mehrheit des Volkes diesem Schwachsinn ohne Widerspruch kopfnickend folgt. Und weil alle so begeistert sind, gibt es neuerdings noch viel mehr Kriterien, nach denen ein Auto eingestuft wird. Wer mag, der kann sie im Internet nachlesen, aber ich erspare sie uns hier.

Die dämlichste Steuer aller Zeiten hat aber noch weitere Schwachpunkte, auf die ein gewöhnlicher Politiker natürlich in seiner oft kurzen Laufbahn nicht kommen kann. Eine Steuer muss auch eingetrieben werden und diese Steuer jedes Jahr wieder. Und natürlich immer ein anderer Betrag, weil irgendein kluges Köpfchen eine Änderung angezettelt hat. Für diese natürlich wie immer sehr komplizierten neuen Vorschriften muss dann ebenfalls wie immer das ganze Programm umgeschrieben werden. Das machen natürlich nicht die überforderten Beamten, sondern eingekaufte Fremdfirmen. Und das kostet!

Eines Tages läuft dann das neue Programm endlich fehlerfrei. Für kurze Zeit, denn dann kommt eine neue Regierung mit neuen überflüssigen und unausgelasteten Politikern und die wollen schließlich auch wieder die Welt retten.

Die dämlichste Steuer aller Zeiten hat aber noch mehr Fehler. Automobile haben ihren Namen durch ihre Mobilität erhalten und die nutzen sie auch aus. Zum Beispiel wenn der Besitzer die dümmste Steuer aller Zeiten nicht bezahlen will. Den Fahrzeughalter findet der Gerichtsvollzieher eventuell noch, das unversteuerte Auto aber eher selten bis gar nicht. In den Großstädten gibt es Stadtteile, da versuchen sie es erst gar nicht. Allerdings haben es die anderen Steuern da auch nicht so leicht. Nur die Stütze, die findet komischerweise ihren Weg in die dunkelsten Ecken.

Jedenfalls für Schlaglöcher und kaputte Brücken bleibt von dieser Steuer nichts übrig.

Denkt man noch weiter, so müssten selbst grüne Politiker darauf kommen, dass diese Steuer absolut dämlich ist. Kommen sie aber nicht.

Diese Steuer, die eigentlich das Klima und die Umwelt retten soll, besteuert stehende Fahrzeuge ebenso hoch wie die, die ständig genutzt werden. Was für ein Widerspruch, aber da komm erst mal drauf. Außerdem werden nur inländische Fahrzeuge erfasst. Kein Durchreisender zahlt bei uns Kraftfahrzeugsteuer.

Für jede dämliche Steuer gibt es natürlich eine simple Lösung. Da die KFZ-Steuer wegen des bürokratischen Aufwandes kaum etwas einbringt, würde es völlig ausreichen, wenn man die Mineralölsteuer einfach um ein oder zwei Cent anhebt und die dämliche KFZ-Steuer stattdessen einfach abschafft. Dazu ist nur ein geringer, einmaliger bürokratischer Aufwand nötig. Als Nebeneffekt könnte man auf die Maut verzichten, denn die Mineralölsteuer zahlen alle an der Tanke. Ein Tanktourismus ist auch nicht zu erwarten, denn der Sprit ist in vielen Ländern teurer als bei uns.

Erbschaftssteuer / Schenkungssteuer

Nach der dämlichsten aller Steuern lasse ich hier die ungerechtesten aller Steuern folgen. Der Unterschied zwischen der Erbschaftssteuer und der Schenkungssteuer besteht eigentlich nur im Zeitpunkt. Mal nach dem Tode und mal vor dem Tode. Gemeinsam haben sie beide, dass sie bereits mehrfach versteuertes Kapital oder anderes Vermögen erneut versteuern.

Warum ist diese Steuer so ungerecht? Diese Frage erübrigt sich eigentlich, wenn man bedenkt, dass die Steuer besonders unter den Linken extrem viele Freunde hat. Sie ist also eine Neidsteuer. Und wenn man bedenkt, dass Neid oder Missgunst für viele Mitbürger die einzige Antriebsfeder ihres kümmerlichen Daseins ist, dann kann man sich vorstellen, dass jede Erhöhung von vielen frenetisch bejubelt wird.

Denken wir uns einfach zwei Familien mit der gleichen Einkommenssituation. Familie Heuteleben und Familie Nachhaltig.

Familie Heuteleben wohnt in einer Mietwohnung, das Konto ist ständig überzogen, aber der nächste Urlaub schon gebucht. Das Auto ist geleast, der Fernseher noch nicht abbezahlt und in den umliegenden Restaurants sind sie keine seltenen Gäste. Als der übergewichtige Vater Heuteleben wegen seiner Herzverfettung ins Altenheim muss, kommt die Allgemeinheit für die Kosten auf, denn von seiner Rente kann er und sonst auch so gut wie keiner einen Heimplatz bezahlen, auch wenn die Pflegeversicherung etwas dazugibt. Als die Eltern sterben, gibt es für die Kinder natürlich nichts zu erben und somit für den Staat auch keine Neidsteuer.

Familie Nachhaltig verzichtet auf jeden Urlaub und baut sich mit viel Eigenleistung ein Häuschen. Im Laufe des Lebens bilden sie sogar ein ansehnliches Vermögen. All diese Sparsamkeit und das Denken über Generationen hinweg erweisen sich allerdings als saublöde Idee. Während Familie Heuteleben in Saus und Braus lebte und im Alter von der Allgemeinheit versorgt wird, nimmt man der Familie Nachhaltig so nach nach alle Ersparnisse und andere Werte wieder ab. Entweder gehen Haus und Vermögen im Altenheim unter (Regelfall) oder die oben genannten Steuern kommen zur Anwendung. Wobei es einen Freibetrag gibt – oder besser gesagt noch gibt. Besonders Omas Häuschen hat es den Politikern angetan. Um den Freibetrag zu umgehen, sollen Häuser jetzt höher bewertet werden.

Hier haben wir es also mit einer ausgewachsenen Schweinerei zu tun! Bürger, die alles verprassen und nichts für ihre Zukunft tun, werden extrem bevorzugt. Die Dummen sind die, die für sich und ihre Familie etwas aufbauen.

Hinter dieser Politik steckt natürlich ein tieferer Sinn. Menschen, die es zu etwas gebracht haben, wählen eher konservativ und nur ganz selten links. Wer erst so weit ist, dass er sein Dasein in der Schlange vor der staatlichen Suppenküche fristet, der freut sich über jedes Stück Fleisch in der Brühe und merkt nicht, dass er es eigentlich selber bezahlt hat.

Mineralölsteuer, Ökosteuer, Erdölbevorratungsabgabe

In der Rangliste der ungerechten Steuern folgt die Mineralölsteuer (neuerdings Energiesteuer) auf dem zweiten Platz. Wer auch immer unsere Politiker bestochen hat, es müssen große Beträge gewesen sein. Anders kann man nicht erklären, dass sich Politiker aller Parteien für einen absolut steuerfreien Flugverkehr einsetzen. Über den Wolken muss die Steuerfreiheit wohl grenzenlos sein und bleiben. Selbst die Grünen, die sich so gerne als die wahren Umweltschützer aufspielen, verschwendeten nie einen Gedanken daran, wenn sie gerade selbst an einer Regierung beteiligt waren. In der Opposition reden sie selten bis gar nicht davon. Bei Demos gegen den Flugverkehr oder den Ausbau der Flugplätze ist die verlogene Bande aber immer vorne in der ersten Reihe. Man will ja mit aufs Bild oder in die Tagesschau. Dabei ist der Flugverkehr die nachweislich größte Umweltsau im Lande. Nun muss man aber wissen, dass gerade die Mitglieder und Wähler der Grünen zu den größten Viel- und Weitfliegern gehören. Mehrere Studien belegen dies. Eine davon haben die Grünen selber in Auftrag gegeben und schnell wieder weggeschlossen. Die Grünen führen eben, wie so oft, die Liste der Verlogenheiten an!

Für den Verkehr am Boden haben sich die Politiker reichlich Steuern ausgedacht. Die Kraftfahrzeugsteuer hatten wir ja schon. Sie gilt natürlich nicht für den Flugverkehr. Im Jahre 2014 beträgt die Mineralölsteuer für alle Benzinsorten 0,654 €/l und für Dieselkraftstoffe 0,47 €/l. Für Heizöl gelten ermäßigte Sätze. Die Energiesteuer ist natürlich noch viel komplizierter, aber die vielen verschiedenen Sätze für all die Nutzungsmöglichkeiten in der Industrie und bei den Versorgern erspare ich uns hier.

In den Beträgen der Mineralölsteuer wird seit 1999 die Ökosteuer versteckt. Sie wird nicht extra ausgewiesen. Der damalige und völlig überforderte Bundesfinanzminister Oskar Lafontaine tüftelte sich diese neue Steuer unter dem Jubel von SPD und Grünen aus. Rasen-für-die-Rente-Steuer wurde sie spöttisch betitelt, denn die Erträge sollten in die Rentenversicherung fließen. Somit zahlt jeder Energieverbraucher in die Rente ein, auch wenn er gar nicht rentenversichert ist und daher auch nie eine Rente bekommen wird.

Das Oskarchen erlebte das Inkrafttreten seiner „genialen" Steuer allerdings nicht mehr im Amt, denn er flüchtete vor dieser Verantwortung und verschanzte sich in seinem Privathaus. Später trat er aus der SPD aus und in die Linkspartei ein und wird dort als Held gefeiert. Außer den Linken hört ihm aber kaum noch einer zu. Nur unsere Medien, die hängen immer noch an den Lippen dieses wunderlichen Mannes und verbreiten seine „klugen" Sprüche im ganzen Land.

Mit all diesen Steuerarten auf Sprit, Heizöl usw. könnte der Staat doch eigentlich zufrieden sein. Ist er aber nicht! Auf den Preis, den sich die Unternehmen ausdenken und die vorher aufgelisteten Steuern wird obendrauf noch die Mehrwertsteuer berechnet. Natürlich nicht der ermäßigte Satz. Damit ist klar, wer den Spritpreis in die Höhe treibt. Die Unternehmen sind es nicht! Der Gewinn pro Liter ist gering und eine Enteignung, wie sie die Linken immer fordern, würde absolut nichts bringen. Ganz davon abgesehen, dass bankrotte Firmen keine Arbeitsplätze schaffen. Auch hier würde eine Verstaatlichung nur dem Staat und seinen Bediensteten helfen. Unendlich viele schöne neue Posten, die man mit unfähigen Politikern besetzen könnte.

Wie früher bei der Post. Der Bürger würde eher mehr zahlen als heute.

Steuern auf Strom

Jetzt wird es kompliziert und ich kann auch nichts weglassen, denn all die Steuern oder Abgaben zum Strom zahlt der Endverbraucher. Wer auch sonst!

Eigentlich ist die Sache mit dem Ausstieg aus der Kernenergie und dem Ausstieg aus der Kohle ja nicht so schlecht. Warum aber muss das alles in ein paar Jahren durchgezogen werden?

Die Kernkraftwerke hatten ohnehin nur noch eine begrenzte Laufzeit und ein sanfter Übergang hätte nur geringe Kosten verursacht. Der Atomunfall in Japan hat unserer Kanzlerin aber wohl dermaßen zugesetzt, dass sie einen sofortigen Ausstieg verlangte. Egal was passiert. Dabei übertraf sie sogar noch die Grünen, denen unser Land ja bekanntlich völlig wurscht ist. Die ganze Welt hat sich seit der Katastrophe wieder beruhigt, nur Mutti zieht das durch.

Als wären die Kernkraftwerke nicht schon Aufgabe genug, will die Kanzlerin jetzt auch noch das Wetter ändern. Getrieben von Grünen und Spendensammelvereinen (sogenannte Umweltverbände) möchte sie am liebsten gleichzeitig die Kohlekraftwerke abreißen. So ein Aktionismus kann nur teuer werden und hat die Strompreise inzwischen mehr als verdoppelt. Wer sind nur ihre Berater? Hat sie überhaupt Berater? Tatsache ist jedenfalls unbestritten, dass unser Klima sich alle 500 Jahre ändert. Es war schon kälter und es war auch schon wärmer. Und die in den Medien so gerne vorgeführten Eisbären ohne Eis haben noch jede Warmzeit locker überstanden. Die dämlichen Berater leider auch. Statt darüber froh zu sein, dass wir gerade in einer Warmzeit leben, will die Bundesmutti unbedingt Schnee und Eis das ganze Jahr hindurch. Angeblich weil sonst irgendwo im Süden ein paar Inseln versinken. Hat sie je darüber nachgedacht, dass unser Land in einer Kaltzeit zu den Permafrostgebieten gehört?

Beginnen wir also mit dem angesammelten Wahnsinn an Abgaben, die sich aus dieser unnötigen Hektik ergeben haben.

Konzessionsabgabe: Diese Abgabe gab es schon vor Muttis unerklärlicher Hektik; sie wird von den Energieversorgern an die Kommunen gezahlt und die Versorger holen sich die Kohle von ihren Kunden zurück. Von wem auch sonst?

Die einzelnen Sätze für die folgenden Steuern weise ich hier nicht aus, denn sie ändern sich ohnehin mindestens jährlich.

EEG-Umlage: Diese ziemlich teure Abgabe ist eigentlich eine sinnvolle Sache. Sie diente als Anschubfinanzierung für den Aufbau regenerativer Energieversorgungen. Wäre da nicht Merkels übertriebene Hektik gewesen, hätten die meisten Stromkunden davon nichts mitbekommen. So aber lief die Sache ziemlich aus dem Ruder. Die üppigen Zahlungen für Windmühlen und Solaranlagen führten zu einem viel zu schnellen Bau immer neuer Anlagen. Alle erhielten für zwanzig Jahre abgesicherte Einspeisevergütungen. Nach und nach wurden die Vergütungen geringer. Die ersten Mühlen sind inzwischen mehr als zwanzig Jahre alt und produzieren fast zu Marktpreisen. Eine vernünftige Planung hätte uns viel erspart. So aber kam es zu Überproduktionen, die nicht mehr abgeführt werden konnten, weil die Leitungen zu glühen begannen. Die Eigentümer hatten aber einen gesetzlichen Anspruch auf die Abnahme ihrer produzierten Energie. Dies führte dann zu neuen Abgaben.

KWK-Umlage: Kluge Köpfe erfanden irgendwann die Kraft-Wärme-Kopplung (KWK), mit der es möglich ist, gleichzeitig Wärme und Strom zu erzeugen. Auch sie brauchten natürlich eine Anschubfinanzierung, die ebenfalls auf die Stromkunden umgelegt wird.

Sonderkundenumlage: Der Industrie waren all diese Umlagen und Abgaben natürlich zu viel und diese Auffassung ist nicht unbegründet. Fast nirgendwo auf der Welt ist der Strom so teuer wie bei uns und wer soll da noch am Weltmarkt mithalten? Lange Rede kurzer Sinn: die Umlage, die eigentlich auch die Industrie zahlen soll, zahlt – na wer schon? Der Privatkunde.

Offshore-Haftungsumlage: Wie schon gesagt, ging der Ausbau der Anlagen einfach zu schnell. Besonders den Offshore-Mühlen auf dem Meer fehlte lange Zeit das Kabel zum Festland. Also blieben die Flügel in Ruhestellung und für den entgangenen Gewinn gab es eine weitere, vom Letztverbraucher zu zahlende Umlage.

Umlage für abschaltbare Lasten: Wen diese Auflistung von Abgaben am Verstand unserer Politiker zweifeln lässt, der tut ihnen Unrecht. Sie mögen ja vieles in die Grütze fahren, aber sie finden immer einen Ausweg. Den allerdings zahlen immer die Bürger. Auch für das angerichtete Chaos mit der Energiewende fanden sie eine Lösung.

Nachdem man zahlreiche Kraftwerke zur baldigen Abschaltung verpflichtete, merkten einige Politiker, dass der Wind nicht immer weht und die Sonne auch nicht sehr zuverlässig ist. Immerhin ging ihnen vor dem Blackout noch ein Licht auf. Daraufhin erhielten dann viele Industriebetriebe einen Bescheid, in dem man ihnen mitteilte, dass bei Flaute, Sonnenfinsternis oder anderen bisher nicht gekannten Naturphänomenen, ihre Betriebe vom Netz genommen werden. Natürlich werden sie dafür von den anderen Stromkunden entschädigt. Schon war wieder eine neue Umlage geboren.

Stromsteuer: Während es sich bei den Umlagen eher um Kleinstbeträge handelt, so ist die Stromsteuer, auch Ökosteuer genannt, schon ein größerer Brocken. Mit mindestens 2 Ct/KWh sind wir dabei und Änderungen sind täglich möglich. Die Einnahmen fließen mehrheitlich in die Rentenversicherung und so sehen wir vielleicht den einen oder anderen Cent als Rentner wieder. Wenn es dann noch eine Rente gibt. Sicher ist aber, dass die Stromsteuer nicht verschwindet.

Mehrwertsteuer: Und auch hier taucht die allseits so beliebte Mehrwertsteuer ganz selbstverständlich wieder auf und nimmt natürlich den ersten Rang bei der Abzocke ein.

Abschließend können wir festhalten, dass der Strompreis zu mehr als fünfzig Prozent aus Steuern besteht. Die andere Hälfte des Preises wird von den linken Medien gerne als Gewinn der Konzerne ausgegeben, um die Wutbürger auf die Palme zu bringen und anschließend zu linken Wählern zu machen. Konzerne haben natürlich Kosten und die Energiekonzerne als Aktiengesellschaften legen ihre Bilanzen für jedermann einsehbar aus. Es bedarf keiner großen Mühen, um den Gewinn pro Kilowattstunde auszurechen. Er liegt zwischen einem und drei Cent. Genau um diese Marge könnte also der Preis für den Endverbraucher sinken, wenn man die Betriebe verstaatlichen würde. Allerdings kann ein Energieversorger ohne Gewinn auch nicht investieren und die Aktionäre würden nie eine Dividende sehen. Mit anderen Worten: Es würde diese Versorger schon bald nicht mehr geben.

Natürlich könnten wir wieder staatliche Versorger gründen und auf sinkende Strompreise hoffen. Staatsbetriebe haben aber so einige Nachteile. In der Regel steigen die Kosten schneller an als in Privatbetrieben. Der Krankenstand ist generell höher und die Gleichgültigkeit in der Chefetage steht dem in nichts nach. Dazu kommt, dass alle Parteien ihre in Ungnade gefallenen Schwachmaten zu gerne in Staatsbetrieben entsorgen. Es ist daher auch kein Zufall, dass mit der Privatisierung von Post, Bahn und Energieversorgern ein gleichzeitiges Aufblähen der EU-Verwaltung einherging. Irgendwo müssen die Parteideppen doch hin!

Branntweinsteuer, Biersteuer, Schaumweinsteuer, Schankerlaubnissteuer

Durch all die vielen Steuern greifen nicht wenige Bürger zum Alkohol, um sich ihr kümmerliches Dasein schön zu trinken. In Russland sollten zumindest die schlimmsten Auswüchse der Sauferei durch eine Wodkasteuer verhindert werden. Den Leuten ging es aber schon so schlecht, dass sich eine Revolution anbahnte. Der Staat nahm die Steuererhöhung sofort zurück. In Deutschland sind die Einkommen noch ausreichend und satte Bürger revoltieren nicht. Dies kann sich jedoch schnell ändern!

Die **Branntweinsteuer** besteuert zunächst einmal den Alkohol an sich. Einzelheiten würden uns nur belasten. Auf die einzelnen Getränke gibt es dann natürlich noch weitere Steuern.

Die **Biersteuer** wurde 1993 mit dem EU-Recht harmonisiert und somit ist mit einer Abschaffung nicht mehr zu rechnen. Sagen die Steuerfachleute und ich glaube ihnen hier ausnahmsweise sofort.

Die **Schaumweinsteuer,** auch Sektsteuer genannt, hatte ich im Kapitel Steuergeschichte bereits erwähnt. Die Steuer wurde 1902 eingeführt, damit der Kaiser sich endlich eine Kriegsflotte bauen konnte und um damit von seinen Verwandten in England nicht mehr ausgelacht zu werden. Sie wurde kurzzeitig abgeschafft um die Wirtschaft zu beleben, dann wieder eingeführt, weil auch das Dritte Reich viele Kanonen brauchte. Nach dem Untergang des Reiches kamen Politiker, die alle einen Eid auf das Wohl des Volkes schworen, aber diese Kanonensteuer lebt heute noch.

Um die Sache abzurunden, wird auch noch der Ausschank von Getränken mit einer extra Steuer bedacht. Die **Schankerlaubnissteuer** zahlt der Wirt und berechnet wird sie nach seinem Umsatz.

Zusammen mit der natürlich auch wieder fälligen Mehrwertsteuer hat der Gast also mindestens fünf Steuern bezahlt, bis er endlich zum Glas greifen kann, denn größere gastronomische Betriebe zahlen auch noch Gewerbesteuer.

Gewerbesteuer

Viele Wutbürger behaupten immer wieder, dass Firmen keine Steuern zahlen, weil sie einen guten Steuerberater haben oder sowieso alles Mögliche absetzen können. Da sind die Kämmerer in den Gemeinden aber ganz anderer Meinung. Viele Kommunen leben zu einem erheblichen Teil von eben diesen Firmen und der gezahlten Gewerbesteuer.

Feuerschutzsteuer

Eigentlich doch eine sehr sinnvolle Steuer, denn von diesem Geld werden unsere Feuerwehren finanziert. Die Steuer wird auf Versicherungsprämien erhoben und von den Versicherungsgesellschaften direkt abgeführt. Jeder möchte, dass es eine Feuerwehr gibt und somit ist alles in Butter. Allerdings könnte man auch einwenden, dass wir doch schon so viele Steuern zahlen, aber da fragen sie mal die Politiker. Die Kasse ist immer leer.

Hundesteuer

Auch wenn es diese Steuer schon seit dem Mittelalter gibt, so habe ich dafür noch keine vernünftige Begründung gefunden. Vielleicht soll die Zahl der Hundehaufen begrenzt werden, aber für dieses Ziel müsste sie viel höher sein. Im Gegenteil, viele Hundebesitzer nehmen die bezahlte Steuer als Rechtfertigung zur Verkotung von Wegen, Spielplätzen und Liegewiesen. Wenn man ihnen erklärt, dass ein Autobesitzer nach derselben Logik seinen Ölwechsel ebenfalls in der Natur durchführen könnte, dann schauen sie nur entgeistert.

Kaffeesteuer

Als ich begann dieses Buch zu schreiben, da hatte ich schon einige Steuern im Hinterkopf. Mit so vielen hatte ich allerdings nicht gerechnet. Die Kaffeesteuer ist in zwei Gruppen eingeteilt. Für den löslichen Kaffee ist sie ungefähr doppelt so hoch, wie für den normalen. Nach einer Begründung habe ich nicht gesucht und ist für unser Thema auch nicht wichtig.

Tabaksteuer

Auch die Einzelheiten dieser Steuer sind sehr umfangreich und die Raucher unter uns, die sich über den rasanten Anstieg der Zigarettenpreise ärgern, können sich gerne tiefer in die Materie einarbeiten. Für das Thema meines Buches ist nur zu vermerken, dass die Regierung immer dort besonders kräftig zulangt, wo gerade die öffentliche Meinung keinen großen Widerstand erwarten lässt. Verschwörungstheoretiker behaupten, dass die öffentliche Meinung durch Regierung und die gleichgeschalteten Medien zu diesem Zweck gesteuert wird. Dies ist sicher nicht ganz abwegig. Der verdutzte Bürger grübelt dann darüber, warum diese öffentliche Meinung nie mit seiner eigenen zusammenpasst. In der Regel hält er sich irgendwann für einen Sonderling und spricht nicht mehr darüber. Damit haben die da oben ihr Ziel erreicht. Würden sich die so verunsicherten untereinander austauschen, dann zerfiele dieses Regierungskartenhaus vollständig.

Lotteriesteuer, Rennwettsteuer, Sportwettsteuer

Die Spielsucht ist für viele Menschen ein riesiges Problem und somit sind Geldwetten eigentlich verboten. Natürlich nur eigentlich, denn wenn der Staat die Spielsucht fördert, dann ist das etwas ganz anderes. Ein weiterer Aspekt der Glücksspiele ist die Tatsache, dass eher labile Menschen keinen Finger mehr für ihr eigenes Weiterkommen krümmen. Sie warten einfach auf den großen Gewinn und dann …

Zweitwohnungssteuer

Diese Abzocke findet nicht überall statt – noch nicht. Bisher findet man sie fast nur in Tourismusgebieten. Die Begründungen für die Einführung 1972 können wir uns ersparen. Kennen wir alles schon.

Kinosteuer, Sexsteuer, Rennwettsteuer, Tanzsteuer

Gegen Ende meiner Auflistung kommen noch einige wundersame Steuern ans Licht, von denen der Normalbürger kaum etwas mitbekommt. Alle zusammen gehören in die Gruppe der Vergnügungssteuern und ein Volk, das sich vergnügt, hat noch immer zu viel Geld.

Gebühren

Im Gegensatz zu den Steuern, für die man keine direkte Gegenleistung bekommt, zahlt man Gebühren für eine freiwillige und leider oft auch für eine erzwungene Leistung, die man gar nicht will. Das schlimmste Beispiel ist die Rundfunkgebühr (GEZ), die seit zwei Jahren auch ohne Besitz eines Gerätes erhoben wird. Jeder Haushalt muss zahlen. Gewerbetreibende gleich doppelt. Selbst im Dritten Reich durften die Menschen noch wählen, ob sie Goebbels hören wollten oder nicht und bezahlen mussten sie nur, wenn sie einen Volksempfänger besaßen. Wenn viele hier schon von einer Mediendiktatur sprechen, so kann ich dem nur beipflichten. Wir sind auf einem sehr schlechten Weg!

Noch vor einigen Jahren waren Gebühren für Personalausweise, Baugenehmigungen und Anliegerbeiträge eher gering oder wurden, wie bei den Anliegerbeiträgen, gar nicht erhoben. Heute steigen diese Gebühren rasant. Anliegerbeiträge für die Erneuerung der Straße vor dem eigenen Haus sind inzwischen so hoch, dass ältere Menschen gezwungen sind, ihr Haus zu verkaufen, da sie diese Summen nicht mehr abzahlen können bzw. ohnehin in dem Alter keinen Kredit mehr bekommen.

Möchte man die eigenen Kinder studieren lassen, so kommen heute nicht selten Studiengebühren auf Studenten oder Eltern zu.

Fahren sie durch einen Tunnel oder über eine Brücke, so wird nicht selten eine Maut fällig. Für die Fahrt in die Innenstadt brauchen sie eine Plakette und kostenlose Parkplätze gibt es kaum noch. Für die Parkgebühr an der Ostsee könnte man sich fast ein gebrauchtes Fahrrad kaufen. Was ja keine schlechte Alternative wäre. Irgendwie spüre ich aber, das Fahrradfahren schon bald als Steuerhinterziehung eingestuft wird, weil diese nützlichen Dinger noch keiner Steuer unterliegen - bis auf die Mehrwertsteuer beim Kauf.

Weitere Gebühren werden fällig, wenn das Wasserwerk ihrer Gemeinde einen neuen Kessel braucht und wenn die Müllabfuhr eine neue Verbrennungsanlage wünscht. Dies bezeichnet man dann als Investitionszuschuss oder so ähnlich.

Und wenn dem einen oder anderen all diese Gebühren zu hoch vorkommen – womit sie nicht falsch liegen – dann konnte man sich früher beim Verfassungsgericht beschweren. Ab und zu stimmte das hohe Gericht dem auch mal zu. Inzwischen fühlen die sich aber durch die Masse der Wutbürger derart belästigt, dass sie ebenfalls eine saftige Gebühr verlangen. Diese Gebühr wird dann Missbrauchsgebühr genannt und liegt im vierstelligen Bereich. Und die hohen Richter fühlen sich oft missbraucht. Eigentlich fast immer. Ob sie mit ihrer Beschwerde einen Richter missbraucht haben, das entscheidet dieser ganz allein und mal schnell zurücknehmen kann man seine Eingabe dann auch nicht mehr. Diese Gebühr ist eine richtig schöne Geldquelle für den Staat geworden, denn die Bewohner unseres Landes fühlen sich immer öfter richtig schlecht behandelt. Und sie haben recht!

Getarnte Steuern

Jetzt kommen wir zur fiesesten Masche unserer Regierung. Kaum einer hat diese Schweinerei überhaupt bemerkt. Unsere gleichgeschalteten Medien berichten nicht darüber, obwohl der eine oder andere Schreiberling dies eigentlich hätte erkennen müssen. Andererseits, wenn man die Zeitungen liest und die Glotze einschaltet, dann zweifelt man schon stark an diesen Zeitgenossen und ihrer extrem einseitigen Berichterstattung.

Beginnen wir mit der **Lkw-Maut**. Ohne lange nachzudenken, würden die meisten Bürger diese Gebühr begrüßen. Wer ärgert sich nicht über die vielen Lastkraftwagen auf den

Straßen und die Schäden, die sie verursachen. Und dann sind da auch noch so viele Ausländer dabei, die hier gar keine Steuern zahlen. Geschieht ihnen doch ganz recht, dass sie jetzt richtig was abdrücken müssen! Doch wer sind sie? Der Lkw-Fahrer? Sein Chef der Fuhrunternehmer? Sicher nicht, denn beide bekommen ihr Geld vom Verbraucher. Der zahlt am Ende immer alles. Keine Firma verfügt über eine Gelddruckmaschine. Jeder Euro kommt von den Kunden. Zunächst zahlt natürlich der Fuhrunternehmer, aber der setzt die Kosten auf die Rechnung seiner Auftraggeber aus Industrie oder Handel. Auch die müssen Gewinne erwirtschaften und somit landet die Maut gut versteckt in den Ladenpreisen. Wer ihnen etwas anderes erzählt, der lügt! Und die Lügner finden wir in der Bundesregierung und in den Medien. In einer ungeheuerlichen Symbiose verkauft uns diese Staatsmafia jede getarnte Steuer als Segen für den Bürger. Gegenstimmen werden nicht gesendet und nicht gedruckt. Außer in diesem Buch, das Sie gerade in der Hand halten. Wenn Sie denn noch eines erwischt haben, bevor es verboten wird.

Eine neue Variante an Mautgebühren ist die vielen sicher noch unbekannte **Treckermaut**. Sie wird bereits von einzelnen Gemeinden erhoben und ist nach Größe der Traktoren gestaffelt. Als Begründung dient die Abnutzung der Wirtschaftswege durch große landwirtschaftliche

Fahrzeuge. Klingt zunächst logisch. Nur, wer zahlt am Ende die Zeche? Natürlich der Verbraucher beim Kauf von Lebensmitteln.

Die **Versteigerung von Funklizenzen** ist eine weitere extrem hohe, getarnte Steuer. Die Beiträge, die zum Beispiel von den Telefon- und Internetanbietern gezahlt werden müssen, liegen im zweistelligen Milliardenbereich und belasten jeden Bundesbürger somit nicht unerheblich, denn sie landen am Ende versteckt in unserer Telefonrechnung.

Besonders hervorgehoben und gefeiert wird in letzter Zeit die **„Schwarze Null"**. Ob mit dieser Bezeichnung der Finanzminister gemeint ist? - Jedenfalls kann es nicht das von allen Medien und Politikern so überschwänglich gefeierte Ende der Neuverschuldung sein, denn die wird ausschließlich durch eine gewaltige Geldmengenausweitung erreicht. Und wer zahlt dafür? Natürlich wieder der Bürger. Zunächst bemerkt er es daran, dass für seine Ersparnisse keine Zinsen mehr gezahlt werden.

Nimmt er dann sein sauer verdientes und zigfach versteuertes Geld und möchte damit eine Immobilie erwerben, dann stellt er sehr schnell fest, dass diese verdammt teuer geworden sind. Eine kommende Inflation zeigt sich immer zuerst bei den Waren, die nicht beliebig und schnell vermehrt werden können.

Reicht das Ersparte nur noch für einen Urlaub, dann sollte man lieber gleich im Euroraum bleiben, denn viele andere Währungen sind im Vergleich zum Euro gestiegen und machen Fernreisen somit teurer. Alles nur, weil die „Schwarze Null" ohne Ende Geld drucken lässt.

Sehr beliebt sind auch **Bußgelder** geworden. Gemeint sind hier nicht die Knöllchen für zu schnelles Fahren, denn die sind berechtigt und können gar nicht hoch genug sein. Viel geschickter sind Bußgelder, die zunächst gegen Firmen verhängt werden und natürlich später über die Preise beim Verbraucher landen. Das merkt ja keiner!

Früher waren die Kartellämter eher Ruheplätze für überflüssige Politiker, bis irgendein Politiker darauf kam, die Strafen für Absprachen und andere Sünden drastisch zu erhöhen. Heute fängt man überhaupt erst im Millionenbereich an und nach oben sind die Grenzen inzwischen fließend. Besonders beliebt sind Strafen gegen ausländische Firmen. Da jubelt das Volk und ist begeistert. Der Haken dabei ist, dass das Ausland auch Strafen gegen deutsche Firmen verhängt und somit zahlt wieder wer?

Besonders gern und ohne zu mucken, zahlt der Deutsche Steuern, wenn er glaubt, dass mit seinem Geld etwas für die Umwelt gemacht wird. Die Idee, diese naive Einstellung schamlos auszunutzen, kam von den Grünen, und wurde von allen Parteien begeistert übernommen. Ein Beispiel für diesen groben Unfug ist der sogenannte **„Grüne Punkt"**. Er wurde 1991 eingeführt und wird durch die Duales System Deutschland GmbH verwaltet. Firmen müssen für bestimmte Verpackungen einen festgesetzten Betrag an die Organisation abdrücken und brauchen sich dann nicht mehr um den Müll zu kümmern. Den trennt jetzt der begeisterte deutsche Verbraucher in seiner weltweit belächelten Gründlichkeit. Dafür muss oder darf er jetzt fast jeden Tag eine andere Tonne oder Tüte an die Straße schleppen. Früher kam die Mülle einmal die Woche und jetzt sieht man die verschiedenen Fahrzeuge immer und überall. Wie viel Sprit die dabei verfahren interessiert natürlich keinen, denn den ganzen Unfug zahlt wer?

Inzwischen wissen selbst die dümmsten Politiker, dass eine einmalige Abfuhr und die Trennung in einer automatischen Anlage viel umweltfreundlicher wäre, aber wie soll man aus dieser Sache wieder herauskommen und vor allem, wie soll man dem Steuerzahler die riesigen Schadenersatzforderungen der Mülltrennungsmafia erklären?

Der **Emissionsrechtehandel**, auch Handel mit Verschmutzungsrechten genannt, ist so kompliziert und nichtsnutzig, dass wir uns hier die unendlichen Einzelheiten lieber ersparen.

Von Wissenschaftlern erdacht – von wem auch sonst – und von Politikern, die den ganzen Mist mit Sicherheit nicht überblicken, freudig eingeführt und dann sich selber überlassen. Somit führt dieses Bürokratiemonster ein ungehindertes Eigenleben und gedeiht prächtig.

Der ursprüngliche Sinn dieser Missgeburt sollte die Verringerung von schädlichen Abgasen und anderen Verunreinigungen sein. Jede Firma muss für ihre Abgase auf dem Markt oder von der Regierung Zertifikate kaufen. Entwicklungsländer wurden vorweg mit einem großen Haufen dieser wertvollen Zettel ausgestattet und versilbern sie nun an uns. An dieser einseitigen Verteilung erkennt man auch den wirklichen Grund für die ganze Sache. Die Entwicklungshilfe soll gigantisch verstärkt werden.

Was die Abgase auf der Welt angeht, hat dieses Bürokratiemonster natürlich nichts erreicht, aber die Kosten für unsere einheimischen Firmen steigen stetig an. Und wer zahlt am Ende für diesen grünen Aktionismus? Na, sie wissen es vermutlich schon. Wie immer der Endverbraucher.

Getarnte Beamte. Nicht minder geschickt in der Vertuschung immer neuer Steuern sind auch die Kommunen. Zu Wahlzeiten faseln die Kandidaten für die unendlich vielen Posten gerne etwas vom schlanken Staat und ähnlichen Märchen. Noch nie wurde der Staat schlanker und die gewaltige Zahl seiner Sesselfurzer hat noch nie abgenommen. Das Gegenteil ist der Fall! Dabei wurden doch so viele Aufgaben und Befugnisse in das ferne Brüssel verlagert und eigentlich müssten doch somit viele Posten überflüssig werden. Eigentlich – aber in Verwaltungen hilft man sich. Die Entscheidungen aus Brüssel sind so kompliziert, so widersprüchlich und oft auch noch völlig sinnlos. Eines haben aber alle Anordnungen aus der EU gemeinsam, sie machen unheimlich viel Arbeit in den untergeordneten Behörden. Die Mitarbeiter dort stöhnen zwar, aber in ihrem tiefsten Innern wissen sie, dass sie ohne diesen Bürokratismus arbeitslos wären.

In manchen Behörden kommen die Mitarbeiter inzwischen nicht mehr zu ihren geliebten Kaffeepausen und das geht ja gar nicht. Noch mehr Beamte einstellen wollen aber die Politiker nicht – wie sieht denn das aus? So erfand man einfach den getarnten Beamten. Den getarnten Beamten finden wir zum Beispiel in Sparkassen und sogenannten Aufbaugesellschaften.

Noch vor einigen Jahren wurden Baugrundstücke vollständig durch die Bauämter betreut. Heute zeichnen sie höchstens noch den Bebauungsplan, wenn der nicht auch noch vergeben wird.

In Bad Oldesloe, einer kleinen Stadt in Schleswig-Holstein, werden die von der Stadt vorgesehenen Bauflächen zu einem geheimen

Preis an die Sparkasse verkauft. Die Sparkasse baute für dieses korrupte Geschäft extra eine Erschließungsgesellschaft auf, die fortan die Arbeit der Beamten übernahm, ohne dass in der Behörde auch nur eine Planstelle abgebaut wurde. Nun muss diese Schieberei ja irgendwie bezahlt werden. Die Lösung ist ganz einfach: Die Sparkasse darf die erschlossenen Grundstücke zum Marktwert an die Bauwilligen verkaufen. Allerdings funktioniert dieses Geschäft nicht wirklich nach den Gesetzen von Angebot und Nachfrage, denn nur die Stadt hat die Macht aus Ackerland Bauland zu machen und die Stadt verkauft nicht an ihre Bürger, sondern nur an die Mafia. Entschuldigung, es muss heißen, die Stadt verkauft an die Sparkasse.

In dem Preis, den die armen Bauwilligen zahlen müssen, sind neben den Verwaltungskosten also auch noch die Kosten und der Gewinn der Sparkasse enthalten. Sparkassen waren früher übrigens auch so eine Art Behörde und so arbeiten sie noch heute. Teuer und uneffektiv. Kein Wunder, dass die Baulandpreise immer weiter ansteigen, wenn so viele sich daran bereichern wollen.

Das Prinzip des getarnten Beamten findet sich noch in vielen Bereichen. Mal sind es sogenannte Wirtschafts-Aufbau-Gesellschaften, die den Kreisverwaltungen die Arbeit abnehmen, dann sind es privatisierte Krankenhäuser und

Altenheime. All diese Institutionen wurden früher von Behörden verwaltet. Allerdings erwirtschafteten diese fast grundsätzlich nur Verluste. Für Privatunternehmer werden die Altenheime dann plötzlich zu reinen Goldgruben.

Eine neue **Lastenverteilung** spielt sich seit einiger Zeit bei den Anliegerbeiträgen für Straßenreparaturen und Straßenerneuerungen ab. Früher kam es – wenn überhaupt – nur zu geringen Zahlungsaufforderungen an die Anlieger. So nach und nach wird der Anteil für die Bewohner aber immer größer und erreicht nicht selten fünfstellige Beträge. Insbesondere Rentner sind gar nicht in der Lage solche Summen aufzubringen und mit einer Abzahlung wird es aus naheliegenden Gründen auch nicht einfach. Manche mussten ihr kleines Häuschen schon aufgeben, obwohl sie körperlich noch fit waren und gerne weiter in ihrer gewohnten Umgebung geblieben wären. Durch so einen Fall bin ich auf den Titel für dieses Buch gekommen.

Fazit

So langsam nähert sich meine Auflistung an staatlichen Grausamkeiten ihrem Ende. Sicher habe ich noch einiges übersehen, aber es langt ja auch so schon. Für Anregungen bin ich natürlich offen und berechtigte Punkte werden zeitnah eingebaut. Ist ja beim eBook kein Problem mehr. Auf Wunsch wird der Ideengeber auch im Buch genannt.

Die überwiegende Mehrheit der Bürger geht in der Regel davon aus, dass sie nach Abzug der Steuern und Abgaben auf dem Lohnzettel ihr Geld für sich ausgeben können. Dies ist natürlich ein gewaltiger Irrtum, der auch noch von staatlichen und halbstaatlichen Stellen gestützt wird. Da wird dann irgendwann im Sommer verkündet, dass der Bürger ab genau diesem Tag nur noch für sich arbeitet, weil die Steuern für das laufende Jahr nun bezahlt sind. In Wirklichkeit liegt dieses Datum irgendwo im Herbst, denn die getarnten und verdeckten Steuern werden nicht mit einbezogen. Würde man dies tun, dann wäre ein Bürgerkrieg unausweichlich. Dieser Bürgerkrieg ist aber nicht vom Tisch, denn die Bundesregierung arbeitet zielstrebig an neuen Steuern. Unterstützt wird sie dabei von der sogenannten Opposition, die keinesfalls den Bürger vertritt, sondern die Regierung in der Erfindung von Grausamkeiten nach Kräften unterstützt. Besonders die Grünen tun sich hier sehr hervor. Wenn man genau hinschaut, dann hat diese sogenannte Umweltpartei nur zwei Ziele. Zum einen gilt es die eigenen Leute in möglichst arbeitsfreien, aber gut bezahlten Positionen unterzubringen und zum anderen, das Geld dafür aus den Bürgern zu pressen. Und hier leisten die Grünen Mitglieder, die sonst über keinerlei kontraproduktive Berufserfahrungen verfügen, doch erstaunliches.

Leider ist es nicht möglich einen allgemeingültigen, wirklichen Steuersatz für alle Bürger zu beziffern, da sich die Einzelfälle zu stark unterscheiden. Tatsache ist aber, dass die mit dem höchsten Einkommen auch die größten Beträge abdrücken müssen. Wenn sie denn ihr Einkommen wahrheitsgemäß angeben. Für alle gilt aber, dass wir uns im Bereich um die siebzig bis achtzig Prozent bewegen. Klingt unglaublich, ist aber so!

Steuern – wofür?

Wo bleibt nur das ganze schöne Geld? Diese Frage stellen sich viele und ich werde eine Antwort versuchen, aber ohne den Leser mit langen Zahlenkolonnen zu langweilen, weil diese ohnehin getürkt sind.

Nehmen wir zunächst den Bundeshaushalt, der so um die 300 Milliarden beträgt. Eine riesen Summe, von der aber so gut wie nichts übrig bleibt. Nicht einmal zehn Prozent werden für Investitionen eingesetzt, der große Rest ist verplant.

So bummelig die Hälfte firmiert unter der Bezeichnung Arbeit und Soziales. Darunter findet sich dann das Arbeitslosengeld, ein gewaltiger Zuschuss zur Rentenversicherung und Zuschüsse für die Krankenkassen. Dies hört sich zunächst nicht schlecht an. Wenn man aber bedenkt, dass von den eingezahlten Geldern nur ein Teil wieder beim Bürger landet, dann sieht die Sache schon anders aus. Kaum einem ist bisher aufgefallen, dass Handwerker, Ladenbesitzer und andere Unternehmer gar nicht in die Rentenversicherung einzahlen und somit auch keine Rente bekommen, aber mit ihren Steuern die Rentenversicherung nicht unerheblich unterstützen müssen, ob sie wollen oder nicht.

Ein nicht unerheblicher und stetig wachsender Teil des Steueraufkommens bleibt in den ausufernden Behörden kleben. Ein noch wesentlich schneller ansteigender Teil wandert ins Ausland oder geht an Ausländer im Inland. Natürlich sollte ein reiches Land in Notfällen helfen – gar keine Frage. So allmählich kommt einem aber der Gedanke, dass die Not des eigenen Volkes niemanden mehr interessiert.

Deutschland zahlt Entwicklungshilfe an den Exportweltmeister und Atombombenbesitzer China! Glaubt man nicht, ist aber so. Und wir zahlen an viele Länder, damit diese ihr Geld in

Waffen anlegen können, die sie allerdings oft bei uns kaufen. Der Steuerzahler wird nicht gefragt, ob er so was gut findet. Er hat zu zahlen. Eine wirkliche Opposition, die sich für den Bürger einsetzt, findet man im Bundestag bis heute leider nicht. Für mich ist unser politisches Gebilde sowieso eher eine Mehrparteien- und Mediendiktatur, die sich lediglich Scheingefechte liefert, um das Volk zu täuschen. Immer mehr Bürgern fällt auf, dass da etwas nicht stimmt. Zu ähnlich sind sich alle Aussagen und zu offensichtlich steht die Presse hinter dem offensichtlichen Betrug. Diese Medien, die überall auf der Welt Korruption entdecken, den Sumpf im eigenen Land aber nicht sehen – nicht sehen wollen.

Eine Summe sucht man im Bundeshaushalt vergebens. Es ist der Topf, aus dem Politiker, Beamte und andere Angestellte des Staates bezahlt werden. Sollte es eine Regierung wagen, diese Summe offen im Haushalt auszuweisen, dann sollte sie gleichzeitig den Verteidigungsfall ausrufen. Kein Volk würde so etwas hinnehmen, wenn der Widerstand noch möglich wäre. Die Übermacht der Staatsbediensteten ist aber so erdrückend, dass es soweit erst gar nicht kommt. Wer auch immer den Aufstand ausrufen möchte, er trifft fast grundsätzlich auf direkte oder indirekte Abhängige dieses Systems.

Wohin ein ausufernder Staatsapparat führt, zeigt uns gerade die Griechenlandkrise.

Ein Land, in dem kaum etwas produziert wird, aber aus jeder Familie einer in der Verwaltung sitzt. Natürlich endet so ein Schwachsinn immer im Elend.

Der Versuch, sich einiger überflüssiger Beamter zu entledigen, scheiterte kläglich. Er musste scheitern, denn die gegnerischen Truppen waren schon zu groß. Mit dem dämlichen Versprechen sofort alle überflüssigen Beamten wieder einzustellen, wurde die nächste Wahl locker gewonnen. Das Land ist verloren und rutscht nun einen steilen Hang hinab. Das Tal der Tränen wird sehr bitter für die Griechen, aber auf der anderen Seite des Tales führt ein anderer Hang wieder hinauf. Er ist noch steiler und so beschwerlich, dass beim Aufstieg die etwas schwerfälligen Politiker, Beamten und die meisten Linken nicht mithalten können. Sie bleiben zurück und das Volk kann in Ruhe wieder etwas aufbauen. Ist der Aufbau geschafft und das Land erblüht in neuem Glanz, dann tauchen mit Sicherheit auch die vielen Beamten und Linken wieder aus der Versenkung auf und die Linken wollen das ohne sie Erreichte sofort wieder neu verteilen. Es war schon immer so!

Nicht, dass jetzt der Eindruck entsteht, dass ich etwas gegen den einzelnen Beamten hätte. Natürlich nicht! Ich kenne viele anständige Menschen unter Beamten und anderen Staatsangestellten. Sie arbeiten manchmal tatsächlich hart, nur nützt ihre Arbeit selten den Bürgern.

Die meiste Zeit sind sie damit beschäftigt, völlig unausgegorene und oft sogar sinnlose Gesetze und Verordnungen umzusetzen. Und jede neue Regierung und jeder neue Minister verschlimmern die Situation weiter. Getrieben von blindem Aktionismus und Wichtigtuerei sprudeln aus ihren oft hohlen Köpfen nur die dümmsten Gedanken und das Schlimme ist, jeder erdachte Schwachsinn wird sofort zum Gesetz.

Damit aber nicht genug. Zum selbst erdachten groben Unfug kommen noch die Gesetze hinzu, die sich aus einem gewaltigen Lobbyismus in Deutschland ergeben. Man könnte es auch Korruption nennen, denn nichts anderes ist es! Da machen dann plötzlich die sonderbarsten Gesetze wieder Sinn.

Ein gutes Beispiel dafür, was ein normal denkender Mensch für absoluten Unfug halten würde, ist die **Maut für Lastkraftwagen** und demnächst auch für alle anderen Fahrzeuge. Allerdings gehören normal denkende Menschen zu einer aussterbenden Spezies. Die Staatsmedien (fast alle) haben es geschafft, dass große Teile der Bevölkerung jeden Unfug der Regierung bejubeln, auch wenn sie selber dabei geschröpft werden. In diesem Fall reicht der Hinweis auf die vielen Ausländer, die angeblich bei uns keine Steuern zahlen.

Wer nur wenige Minuten selber denkt, der kann nur zu der Erkenntnis kommen, dass die Maut und der dahinter versteckte gigantische

Apparat, völlig überflüssig sind. Wir haben doch schon die Mineralölsteuer, und wenn der Staat unbedingt noch mehr Kohle aus seinen Bürgern quetschen will, dann wäre es das einfachste Ding der Welt, diese Mineralölsteuer mit einem Federstrich um 2 Cent anzuheben. Fertig! Kein Aufwand, keine Bürokratie. Und keine Bange, die „schlimmen" Ausländer zahlen auch, denn in fast allen Ländern ist der Sprit teurer als bei uns und sie fahren schon jetzt über die Grenzen zum Einkaufen und Tanken. Eine Ausnahme sind „noch" die östlichen Länder, aber deren Preise steigen schneller als bei uns.

Welchen Sinn ergibt dann nur die Maut? Ganz einfach! Für das Kassieren dieser Abgabe hat man Firmen beauftragt und die erhalten Milliardenbeträge für den gigantischen Aufwand, den die Sache nun einmal mit sich bringt. Eine wirklich freie Presse würde so etwas Korruption nennen, aber unsere Zeitungen und Sender entdecken Korruption nur in Afrika oder so. Hier bei uns sind sie völlig blind oder wollen blind sein. Es ist mir unerklärlich, wie es zu dieser Gleichschaltung von Parteien und Medien kommen konnte. Eine rühmliche Ausnahme ist da die „Junge Freiheit", eine Wochenzeitung mit frischen und frechen Schreibern. Hoffentlich werden die nicht auch noch umgepolt!

Ein Musterbeispiel für Korruption und Abzocke bietet uns die sogenannte **Riester-Rente**.

Begründet wird diese Zusatzversicherung mit der nun doch nicht mehr so sicheren staatlichen Rente. Die Bürger sollen in eine private Rentenversicherung einzahlen und bekommen dafür einen jährlichen Zuschuss vom Staat. Besser wäre es gewesen, wenn dieser Zuschuss einfach in die Rentenkasse fließen würde, denn die Riester-Rente ist ein bürokratisches Monster, wie wir es bis dahin nicht kannten. Ist auch kein Wunder, denn dieser Riester stammt natürlich aus der SPD. Nur die Grünen wären in der Lage gewesen, einen noch größeren Unsinn zu produzieren.

Durch eine gewaltige Kampagne der gleichgeschalteten Medien fielen Millionen Bürger auf diesen Schwindel herein. ICH AUCH! Leider, aber so kann ich meine Erfahrungen hier wiedergeben. Zu meiner Entschuldigung kann ich nur anführen, dass der Rentensparvertrag mir von der Sparkasse Stormarn (heute Sparkasse Holstein) empfohlen wurde. Allerdings trat die nur als Vermittler für die Provinzialversicherung auf und konnte sogar ein Gutachten über die tolle Geldanlage vorzeigen.

Von den Milliardenbeträgen aus dem Steuersäckel kommt leider so gut wie kein Euro bei den Versicherten an. Ist ja auch kein Wunder, denn alle wollen daran verdienen. Und so kommt es, dass durch sittenwidrig hohe Abschlussgebühren und ebenso hohe Bearbeitungskosten so gut wie nichts übrig bleibt. Und dies haben Bundesregierung, Versicherungen und Banken auch genau so gewollt. Nachdem ich mich mit dem Vertrag eines Tages genauer befasste, da war der Tatbestand der Veruntreuung von Steuergeldern absolut offensichtlich. Die Bundesregierung hat hier ausschließlich zum Wohle der Gesellschaften gehandelt und somit das Volk betrogen.

Diese Aktion einer kriminellen Vereinigung aus Regierung und Versicherungen ist zusätzlich auch noch handwerklich so schlecht gemacht, dass die staatliche Zulagenstelle inzwischen mehr als ein Jahr für die Beantwortung von Beschwerden benötigt.

Damit die Riester-Sparer nicht am Ende weniger herausbekommen als sie eingezahlt haben, hat die Bundesregierung in ihrer vorbildlichen Fürsorge einen Passus eingebaut, der besagt, dass dem einzelnen Kunden von den Versicherungsgesellschaften nicht mehr abgezogen werden darf, als er staatliche Zuschüsse bekommen hat. Das ist doch mal vorbildlich – oder? Jedenfalls ist klar, dass vom ersten Augenblick an nur an den Vorteil der Gesellschaften gedacht wurde. Verlogener geht es nicht!

Tauchen wir nun weiter ein in die unendlichen Weiten der Steuergeldverschwendung und der Korruption. Beides treffen wir fast immer zusammen an. Zum Beispiel **der extrem aufge-**

blähte Staatsapparat. Beginnen wir unten bei den Kommunen. Früher hat so ein Dorfbürgermeister die Amtsgeschäfte im Wohnzimmer erledigt. Für komplizierte Fälle wurden seine Untertanen an die Kreisverwaltungen verwiesen. Bis dahin war noch alles in bester Ordnung. Nun hatten aber die Städte eigene Verwaltungen und da wollten die Dorfbürgermeister nicht nachstehen und gründeten Amtsverwaltungen für mehrere Gemeinden. Natürlich wurden auch schöne Gebäude gebaut und viele Leute eingestellt. Mit der Zeit immer mehr. Diese Amtsverwaltungen konnte man aber nicht einfach auf einem der Kuhdörfer bauen. Wie sollten die Leute aus den anderen Dörfern dahin kommen? Ohne Busverbindung. Also baute man sie in der Stadt. Somit haben unsere Städte jetzt zwei bis drei Kommunalverwaltungen, wo eine reichen würde. Oft liegen zwischen Stadt- und Amtsverwaltung nur wenige Meter. In beiden werden dieselben Aufgaben erledigt. So haben viele Städte bei uns zwei Einwohnermeldeämter. Eines für die umliegenden Dörfer und eines für die Stadtbewohner.

Alle Behörden haben eine gemeinsame Eigenschaft, sie schrumpfen nie und wachsen immer. Noch vor wenigen Jahren gab es nur ein Umweltamt bei den Kreisverwaltungen. Heute hat jede Stadtverwaltung und auch jede Amtsverwaltung ein Umweltamt. Zusammen mit dem Umweltamt bei der Kreisverwaltung gibt es in vielen Städten drei Umweltämter. Und wer bezahlt das alles?

Diese Doppel- und Dreifachämter ziehen sich durch alle Bereiche. Natürlich gab es immer mal wieder vollmundige Ankündigungen für Verwaltungsreformen. Mal von der einen Partei, mal von einer anderen Partei. Umgesetzt wurde nie etwas.

Dabei ist nichts einfacher als eine Verwaltungsreform. Wären da nicht die Politiker. Jede wirkliche Reform würde den Abbau von Pöstchen zur Folge haben und so was geht ja wohl gar nicht. Inzwischen hat sich der Staatsapparat so ausgedehnt, dass eine politische Mehrheit ohne Staatsdiener und Politiker nicht mehr möglich ist. Hinter jedem von ihnen stehen ja auch noch Familienangehörige und abhängige Unternehmen. Ohne einen Meteoriteneinschlag wird sich also in Deutschland vermutlich nichts ändern.

Eine wirkliche Verwaltungsreform könnte zu einer nicht unerheblichen Steuersenkung führen. Würde man zum Beispiel die Stadt- und Amtsverwaltungen zusammenlegen, dann wären automatisch die Kreisverwaltungen überflüssig, da alle Aufgaben locker von ihnen miterledigt werden könnten. Es läuft ja ohnehin schon jetzt alles doppelt und dreifach. Hätte man ja längst gemacht, wenn da nicht die schönen Pöstchen wären. Jede Kreisverwaltung hat neben den unausgelasteten Mitarbeitern auch noch einen

Landrat, der von den Parteien gestellt wird und in der Regel von Verwaltung null Ahnung hat. Das macht aber nichts, denn er hat ja auch nichts zu tun, außer ein paar Empfänge oder Ausstellungen zu eröffnen. Das kriegen sie dann auch gerade so hin.

Damit aber noch lange nicht genug! Neben dem Landrat hat jeder Kreis auch noch einen Kreispräsidenten, der ebenfalls von den Parteien gestellt wird. Der hat auch nicht viel zu tun und so begleitet er den Landrat zu den Empfängen und Ausstellungen.

Welche Partei den Landrat oder den Kreispräsidenten stellt, wird natürlich nicht ausgewürfelt. Wir glauben ja in einer Demokratie zu leben und so gibt es neben den Gemeinderatswahlen auch noch überflüssige Kreistagswahlen, bei denen dann ein Kreistag gewählt wird. Vor ein paar Jahren gab es auch noch Direktwahlen für den Landrat – aber da ging kaum einer hin. Böse Zungen behaupten sogar, dass die Bürger erst nach mehreren Jahren bemerken würden, wenn es keine Kreisverwaltung, keinen Landrat, keinen Kreistag und auch keinen Kreispräsidenten mehr geben würde. Wenn sie es überhaupt je bemerken. Und wer bezahlt das alles?

Damit aber noch lange nicht genug! Die Städte und Kreise möchten gerne bei der Gesetzgebung auf Landes- und Bundesebene ein Wörtchen mitreden. So gründeten sie, natürlich nicht zusammen, sondern getrennt und somit möglichst teuer, eigene Vertretungen auf allen Ebenen. Immerhin haben sie auf repräsentative Bauten in den Landeshauptstädten verzichtet, dafür sind sie aber in Berlin ganz groß dabei. Deutscher Städtetag und Deutscher Landkreistag verfügen über repräsentative Gebäude in Berlin, der Städtetag dazu noch in Köln. Beide beschäftigen Hunderte Mitarbeiter, für Aufgaben, die eigentlich schon vergeben sind.

Auch damit nicht genug. Alle Bundesländer haben zusätzlich auch noch Landesvertretungen in Berlin. Natürlich mit noch größeren Gebäuden und vielen Mitarbeitern.

Diese ganzen Vertretungen dienen eigentlich nur dazu, die Bundeshauptstadt zu einer Weltmetropole zu machen. Es kann gar nicht genug Botschaften, Vertretungen, Ministerien und sonst was für Prestigegebäude geben. Es soll doch alles nach Weltmacht aussehen.

Wirklich gebraucht wird das alles natürlich nicht und so beschäftigt man sich durch gegenseitige Einladungen mit wichtigen Vorträgen. Ein kleiner Teil der Mitarbeiter widmet den Hauptteil des Tages seiner eigenen Karriere, die anderen versuchen, die Erkenntnis über ihr sinnloses Dasein mit reichlich Alkohol zu betäuben. Den Alkohol bezahlen übrigens auch die Steuerzahler.

Warum diese ganzen Vertretungen überflüssig sind. Allesamt haben sie eines gemeinsam, sie stammen aus der Postkutschenzeit. Da mag es noch die eine oder andere Begründung für eine Repräsentanz in der Hauptstadt gegeben haben. Im Zeitalter von Internet, Hochgeschwindigkeitszügen und Flugverkehr ist dies alles nicht mehr nötig. Dazu kommt, dass wir sowieso schon eine Ländervertretung haben. Den Bundesrat.

Und wem das noch nicht genug ist, für den haben wir ja auch noch die direkt gewählten Landtags- und Bundestagsabgeordneten, deren Aufgabe ebenfalls die Interessenvertretung der Bewohner ihrer Wahlkreise ist. Um dieser Aufgabe nachzukommen, finanziert ihnen der Steuerzahler auch noch ein Wahlkreisbüro in jedem Wahlkreis. Bis vor Kurzem saßen in diesen Büros fast grundsätzlich die Ehepartner der Abgeordneten. Als Büro fungierte ganz zweckmäßig das eigene Wohnzimmer. So blieb das schöne Steuergeld für Mitarbeiter und Büro in der Familie.

Und es geht noch unerfreulicher! Alles bisher geschriebene wird von einer gigantischen Steuergeldvernichtungsmaschine übertroffen. **Der Europäischen Gemeinschaft und ihrer ausufernden Verwaltung**. Der Haushalt dieses politischen Monsters ist dreimal so hoch als der deutsche Bundeshaushalt. Dafür stehen dann aber auch ab und zu übergroße Baustellenschilder in der Landschaft, auf denen sich die EU prostituiert. Nach meiner Auffassung kommt aber nur ein geringer Teil des Geldes beim Bürger an, und beim deutschen Bürger schon gar nicht. Die Kohle wandert hauptsächlich in die bedürftigen Länder im Süden, die sich mit großer Freude übergroße Straßen und sinnlose Flughäfen bauen lassen.

Hunderte Mitarbeiter verdienen mehr als die Staatsoberhäupter der großen Mitgliedsländer. Dazu kommen zahlreiche Vergünstigungen, von denen andere Bürger nur träumen können. Von der Altersvorsorge über den Zusatzurlaub bis zu großzügigen Reisekostenerstattungen ist an alles gedacht. Nur über diese kriminelle Verschwendung wird kein Wort verloren.

Es ist aber nicht nur dieses parasitäre Verhalten - noch viel mehr kostet uns die Behinderung durch sinnlose und extrem bürokratische Vorschriften. Mit jedem neu eingestellten Beamten kommen auch neue Erlasse, mit denen sie ihre nicht gegebene Existenzberechtigung nachweisen wollen. Immer mehr Entscheidungen werden in Brüssel getroffen und über die Umsetzbarkeit vor Ort wird nicht ein Gedanke verschwendet.

Vielleicht bin ich ja etwas zu nachdenklich, aber eines verstehe ich nicht. Wenn immer mehr Befugnisse nach Brüssel übertragen werden und dort immer mehr Bürokraten wirken, dann müssten doch auf Bundes- Landes- oder kommunaler Ebene Stellen entfallen – oder nicht? Dem ist aber nicht so. Die Behörden wuchern auf allen Ebenen. Keine Firma würde mit so einem Verhalten überleben, aber mit dem Geld der gutmütigen Steuerzahler lässt es sich locker leben.

Die Liste über Steuergeldverschwendungen und Korruption ließe sich beliebig verlängern. Jedem Leser fallen sicher persönliche Beispiele ein und für Hinweise auf besonders grobe Verstöße wäre ich dankbar. Da eBooks jederzeit geändert oder erweitert werden können, ist eine Ergänzung leicht möglich. Auf Wunsch auch mit namentlicher Erwähnung des Hinweisgebers. Sozusagen ein interaktives Buch.

Widerstandsrecht

Im Artikel 20 unseres Grundgesetzes finden wir auch das Widerstandsrecht. Es besagt, dass jeder Bürger dieses Landes das Recht zum Widerstand hat, wenn die grundgesetzliche Ordnung gefährdet ist. Einige Staatsrechtler vertreten die Meinung, dass damit auch das Recht auf Anschläge und Tötungen gemeint ist. So weit muss man ja nicht unbedingt gehen, es geht sicher auch kreativer.

Auf die Frage, ob die grundgesetzliche Ordnung gefährdet ist, würden aber wohl jeden Tag mehr Menschen mit „Ja" antworten und sie wären im Recht.

Insbesondere die Übernahme von Schulden anderer Staaten schließt das Grundgesetz aus. Dagegen wird inzwischen täglich und mit immer höheren Summen verstoßen.

Ein gutes Beispiel ist auch das Demonstrationsrecht. Dieses Recht gilt inzwischen nur noch für linke Demonstranten, andere dürfen sogar ausdrücklich behindert werden, obwohl dies im Grundgesetz untersagt wird. Linke Demos werden zusätzlich mit Steuergeldern bezuschusst und von Parteien und Gewerkschaften unterstützt. Selbst Politiker, gegen die demonstriert werden soll, beteiligen sich an gewaltsamen Behinderungen grundgesetzlich geschützter Veranstaltungen. Parteien, die nicht links genug sind, werden behindert, ihre Veranstaltungen gestört, ihre Mitglieder bedroht oder immer öfter sogar angegriffen.

All diese Verstöße gegen das Grundgesetz sollten eigentlich durch freie Medien aufgedeckt werden. Dies geschieht nur noch in Einzelfällen und niemals durch die öffentlich Rechtlichen, die inzwischen zu reinen Staatssendern verkommen sind. Wer sich die Mühe macht und verschiedene Zeitungen vergleicht, der dürfte sehr schnell die Gleichschaltung erkennen. Natürlich getarnt durch harmlose Kritik an unwichtigen Stellen. Besonders offensichtlich wird die Abhängigkeit von dieser Mehrparteiendiktatur, wenn eine neue Partei, vom Unmut der Bürger getragen, diese Macht bedroht. Sofort werden alle Hebel in Bewegung gesetzt, um diesem Spuk ein Ende zu bereiten. Der Ausdruck Spuk, ist dabei noch die harmloseste Beschimpfung durch die „Lügenpresse". Die Bezeichnung Lügenpresse hat die Schreiberlinge dann auch gewaltig aufgeschreckt. Wurde ihnen doch schlagartig klar, dass viele Bürger diesen wirklichen „Spuk" längst durchschaut haben. Statt anständig zu berichten, werden jetzt auch noch große Teile der Bevölkerung grob beschimpft oder verspottet. Dieses Verhalten deutet eindeutig darauf hin, dass die Medien gar nicht anders können, selbst wenn sie es wollten. Sie sind mit dieser Diktatur so verstrickt und so abhängig, dass sie auf Gedeih und Verderb ausgeliefert sind. Das Ergebnis dieses verwerflichen Handelns ist eine rapide sinkende Auflage bei fast allen Schundblättern.

Von keinem Staatsrechtler wurde bisher die Frage beantwortet, ob es nur den totalen Widerstand geben kann oder auch ein teilweiser und sogar unsichtbarer Widerstand denkbar ist. Es hat auch noch keinen erwischten Steuerhinterzieher gegeben, der seine Tat mit dem Widerstandsrecht des Grundgesetzes begründete. Dabei würde mich die Antwort der Gerichte in so einem Fall schon interessieren.

Natürlich werde ich hier nicht zum Widerstand auffordern, denn diese Entscheidung muss jeder selbst treffen. Die Voraussetzungen sind nach meiner Meinung allerdings mehr als erfüllt. Besonders die zurzeit (2015) regierende große Koalition aus CDU und SPD steuert sehenden Auges in ein unermessliches Chaos. Um sich weiterhin an der Macht zu halten, wird nichts zur Verhinderung getan und stattdessen das Ausmaß durch falsches Handeln vergrößert.

Natürlich rechnet auch die Bundesregierung mit aufkommendem Widerstand gegen diese kriminelle Politik und sorgt vor. Zum Beispiel wird das Demonstrationsrecht ständig weiter beschnitten und bei jedem aufkommenden Unmut wird eine staatlich bezahlte Gegenbewegung organisiert. Dabei bedient man sich der üblichen Idioten, die man für jedes Ziel in Bewegung setzen kann. Dazu gehören manche Gewerkschaften und die von ihnen finanzierte, extrem gewaltbereite Antifabewegung. Nicht zu vergessen auch das gesamte linke Parteienspektrum, dass man mit denselben platten Parolen aufmarschieren lassen kann. Selber nachdenken ist in diesen Kreisen nicht sehr verbreitet und man hatte ja auch in der Vergangenheit schon sehr viel Pech beim Denken.

Nicht ganz sicher bin ich mir bei der sich ständig steigernden Hatz auf Steuersünder. Rechnet die Regierung schon mit einem Widerstand in diesem Bereich oder ist es nur die grenzenlose Gier nach dem Vermögen der Bürger? Um an Kontodaten zu kommen, beauftragt man sogar Diebe, die in ausländischen Banken Daten kopieren. Dieses skrupellose und kriminelle Verhalten wird allerdings nur gegen Staaten eingesetzt, die über keine große Armee verfügen und sich somit nicht wehren können.

Steuerhinterziehung

Die Steuerhinterziehung ist in weiten Teilen der Bevölkerung äußerst beliebt. Sie wird in der Regel nur von Leuten abgelehnt, die entweder eine Blockwartmentalität besitzen oder schlicht und einfach zu faul sind, es selber zu tun. Und dann gibt es noch die Zeitgenossen, die das eigene Vergehen nicht sehen oder nicht sehen wollen und gegen alle, die größere Summen hinterziehen als sie selber, wie blöde wettern. Verlogener geht es nicht. Hier muss man leider wieder feststellen, dass Neid und Missgunst für viele Menschen der einzige Lebenszweck sind. Was sie selber nicht zustande bringen, das gönnen sie auch anderen nicht. Dieses Verhalten liegt in unseren Genen aus der Urzeit und die ändern sich nicht. Nur, dass unsere Vorfahren sich über die größere Keule des Nachbarn ärgerten und heute über das teurere Auto. Oder eben über die Höhe der Steuerhinterziehung. Dabei ist vielen gar nicht klar, dass auch die Schwarzarbeit zur Steuerhinterziehung gehört. Ausnahmen machen die Menschen nur, wenn der Steuerhinterzieher ihr angebeteter Fußballstar ist oder wenn es sich um die so vergötterte Schnulzensängerin mit den großen „Ohren" handelt. Auch strohdoofe Rennwagenfahrer, die aus einem wundersamen Grund gerne Piloten genannt werden und den ganzen Tag im Kreis fahren, dürfen ihre Millionen oder fast schon Milliarden gerne in Steuerparadiese tragen. Das macht alles nichts. Nur, wenn es sich um Manager handelt, dann wird das wundersame Volk ganz doll böse. Dabei leisten die im Gegensatz zu den Medienstars in der Regel wirklich etwas.

Wenn ich nun einige Beispiele über die so „verwerfliche" Tätigkeit der Steuerhinterziehung auflistet, so soll dies natürlich keine Aufforderung zu strafbaren Handlungen bedeuten. Es geht mir natürlich nur darum, das Volk über die Möglichkeiten zu informieren, mit denen sich Widerstandskämpfer (Steuerhinterzieher) strafbar machen. Und ich möchte auch darauf hinweisen, dass der Staat das Widerstandsrecht in diesem Bereich bis zur Veröffentlichung dieses Buches noch nicht anerkannt hat. Sollte jedoch der eine oder andere Verfassungsrichter dieses Buch in die Hände bekommen, so könnte oder müsste es eigentlich zu größeren Veränderungen im Steuerunrecht kommen. Bis dahin drohen den

Widerstandskämpfern noch empfindliche Strafen.

Arbeitsverweigerung

Beginnen wir mit der untersten Stufe der Steuerhinterziehung, die allerdings völlig legal ist. Es ist die vollständige Weigerung ein Einkommen zu erzielen. Unterste Stufe ist hier eigentlich nicht richtig, denn diese Widerstandskämpfer ziehen ihren schweren Kampf unerbittlich durch und zahlen als Einzige absolut keinen Cent an Steuern. Im Gegenteil, sie werden vom Staat auch noch belohnt. Geradezu rührend kümmert er sich um diese Leute, besorgt ihnen eine Wohnung, zahlt ihnen die Nebenkosten und jeden Monat erhalten sie auch noch reichlich Bargeld zur freien Verfügung. Nicht selten sehen sich diese Zeitgenossen gar nicht als Steuerhinterzieher, sondern als Widerstandskämpfer gegen genau den Staat, der sie am Leben erhält. Weil sie sich durchweg als Linke bezeichnen, haben sie natürlich nichts zu befürchten, denn diese Art des Widerstands ist tatsächlich schon zugelassen. Als Gegenleistung erwartet die Obrigkeit allerdings Demos und Anschläge gegen alle, die diesen Staat aus anderen Gründen kritisch gegenüberstehen. Dieses doch eher erbärmliche Leben wird vielen unter ihnen sicher nicht gefallen und darum verlassen wir schnell diese doch eher parasitäre Lebensweise.

Existenzminimum

Die zweite Stufe im Kampf gegen zu hohe Steuern ist ebenfalls noch legal. Die Betonung liegt auf noch! Allerdings kommt man hier auch nicht völlig um Steuerzahlungen herum. Das ist einfach völlig ausgeschlossen. In diesem Bereich geht es um das steuerfreie Existenzminimum. Bei Einzelpersonen beträgt es im Jahre 2015 ungefähr 8.500,- €, Ehepaare können das Doppelte verdienen. Gemeint ist natürlich nur die Einkommensteuer. Alle anderen Steuern sind natürlich zu entrichten.

Diese Form des Widerstands ist absolut ehrenwert, da wir niemandem auf der Tasche liegen. Allerdings kann man diese Art des Widerstands nur aus einer mietfreien Wohnung oder einem eigenen Haus heraus starten, denn sonst sind die Fixkosten viel zu hoch. Nicht umsonst sind fast alle Revolutionen an der Finanzierung gescheitert.

Das Leben als Widerstandskämpfer ist in dieser Stufe auch sonst nicht gerade ein Zuckerschlecken. Kleidung, Lebensmittel und Heizkosten zehren doch arg an der Kriegskasse. An Urlaub und so ist gar nicht zu denken. Leichter wird es nur, wenn man zum Beispiel eine Art Selbstversorgung betreibt und damit die Kosten senkt. Zeit genug hat man ja, denn für das Existenzminimum muss man in der Regel ja nicht so lange arbeiten. Da ich dieses Leben selber lebe, kann ich aber sagen: „Es lohnt sich!" Nicht unbedingt finanziell, aber die Lebensqualität ist unschlagbar. Ideal ist, wenn wir einer selbstständigen Tätigkeit nachgehen und uns die Zeit selber einteilen können.

Eine Einschränkung gibt es jedoch: Das, was wir selber anbauen und anschließend verzehren, ist eine zu versteuernde Privatentnahme. Daher zu Beginn die Einschränkung „**noch**". Sobald Sie eine gewisse Größe erreicht haben, sind Sie plötzlich ein landwirtschaftlicher Betrieb. Auch wenn Sie nicht ein Radieschen verkaufen. Und wenn Sie auf dem Dach Solarstrom für den Eigenbedarf erzeugen, dann müssen Sie auch den versteuern. Der Staat verfolgt uns also bis in den letzten Winkel. Allerdings gibt es für Landwirte eine recht preiswerte Kranken- und Rentenversicherung. Für die Rentenversicherung erhalten Sie sogar einen Zuschuss, wenn Sie sehr wenig verdienen.

Falls Sie jetzt beschließen sollten, dass das alles nicht mehr auszuhalten ist und nach Schweden auswandern wollen. Zwecklos! Da ist alles noch viel schlimmer. Dort müssen sie sogar Mieteinnahmen versteuern, die Sie nie erzielt haben, weil Sie gar nicht vermieten. Schon das Vorhandensein einer vermietbaren Immobilie reicht dem Staat für eine fiktive Miete.

Schwarzarbeit

Eine andere Form der Selbstversorgung ist die Schwarzarbeit. Von den Teilnehmern wird sie selten bis gar nicht als Steuerhinterziehung gesehen. Jedenfalls nicht von denen, die diese Tätigkeit nur gelegentlich und im engeren Dunstkreis ihres Wohnortes ausüben. Hier spricht man eher von Nachbarschaftshilfe. Ohne dieses gegenseitige Helfen würden es die unteren Einkommensschichten jedoch nie zu einem eigenen Haus bringen.

Das Prinzip dieser effektiven Organisationen ist ganz einfach. Bedingung für die Aufnahme ist der Wille zum Anpacken auch bei Freunden oder Nachbarn. Einer kann Fliesen verlegen, der andere hat irgendwie Zugang zu Minibaggern oder anderen Maschinen. Zusammen sind sie eine wirklich starke Gemeinschaft. In der Regel werden kleine, renovierungsbedürftige Altbauten gekauft und in kurzer Zeit haben die Mitglieder eines Zirkels die Hütte bewohnbar gemacht.

Das Gegenteil zu dieser handfesten und verschworenen Gemeinschaft sind Menschen, die sich den ganzen Tag über selbst bedauern und mit ihrem unabwendbarem Schicksal hadern. Die Schuld an ihrem Elend tragen immer nur andere oder die Gesellschaft. In der Regel schließen sie sich irgendwann linken Gruppierungen an und fordern eine Umverteilung des Vermögens.

Muttis Teeladen

Wer hat sich nicht schon gefragt: Wie überlebt denn dieser Laden so lange? Gemeint sind all die vielen kleinen Geschäfte in der Innenstadt, in die sich nur selten ein Kunde verirrt. Die Erklärung ist einfach: Gut verdienende Männer (es kann auch umgekehrt sein) mieten ihren gelangweilten Gattinnen einen kleinen Laden. Damit schlagen sie zwei Fliegen mit einer Klappe. Die Frau (Mann) hat eine Beschäftigung und das Minus kann von der Steuer abgesetzt werden.

Die Miete für den Laden kommt schon dadurch wieder herein, dass die Ehefrau während der Ladenzeiten nicht einkaufen kann. Gilt auch für gelangweilte Ehemänner, die sich sonst ein teures Motorrad kaufen würden.

Über diesen Laden kann man so gut wie alles absetzen, was sonst nicht absetzbar wäre. Vaters Geländewagen wird zum Firmenwagen, denn die schweren Teebeutel müssen ja irgendwie transportiert werden. Die neue Esstischgarnitur steht angeblich im Besprechungszimmer des Teekonzerns und ein neuer Laden braucht auch neue Computer. Die Dinger gehen bekanntlich oft kaputt und so wird die ganze Familie mit neuen Geräten ausgestattet.

Nach einer gewissen Anzahl von Jahren verschwinden diese Läden dann plötzlich doch, denn ein dauerhaftes Minus erkennt auch das gutmütigste Finanzamt nur ein paar Jahre an.

Homekonzern

Wer nur Steuern sparen will, der richtet seinem neuen Konzern eine Zentrale in irgendeiner Ecke seiner Wohnung ein. Gut wäre, wenn das Büro räumlich sauber getrennt dargestellt werden kann.

Beliebt sind Handelsvertretungen für Plastikschüsseln einer bekannten Schneeballsystemkette, Küchengeräte, die angeblich alles können und Reinigungsmittel, die keiner braucht. Neuerdings auch noch Nahrungsergänzungsmittel, die uns mit Vitaminen versorgen sollen, weil unsere Nahrung so vitaminarm ist. Dabei fressen wir so viel, dass dies locker wieder ausgeglichen wird. Aber das gehört hier nicht zum Thema.

Es gelten ansonsten dieselben Regeln, wie für Muttis Teeladen. Allerdings hat der Homekonzern noch einen entscheidenden Vorteil: Alle Nebenkosten des Hauses oder der Wohnung können zu einem erheblichen Anteil auf den Homekonzern verschoben werden.

Selbst für Leute, die das Minus ihres Konzerns gar nicht absetzen können, weil sie nur das Existenzminimum verdienen und somit keine Einkommensteuer bezahlen, kann sich die Sache rechnen. Dies liegt an der ständig steigenden Mehrwertsteuer. Betriebe, die etwas verkaufen, müssen auf den Kaufpreis Mehrwertsteuer an das Finanzamt entrichten. Dafür dürfen sie aber die Mehrwertsteuer (Vorsteuer), die sie selbst für eingekaufte Waren oder Dienstleistungen entrichtet haben, von der Mehrwertsteuerschuld abziehen. Was nützt mir das, wenn ich gar nichts verkauft habe? Doch es nützt. Das Finanzamt erstattet Minusbeträge. Wenn sie also im Abrechnungszeitraum nichts umgesetzt haben, aber einen Computer für die Firma angeschafft haben und in der Rechnung 200 Euro Mehrwertsteuer enthalten sind, so zahlt das Finanzamt ihnen diesen Betrag aus.

Auch hier gilt: Ein ständiges Minus führt zur Einstufung als Hobby oder so.

Auslandskonto

Die berühmteste Art Steuern zu hinterziehen ist das Nummernkonto in der Schweiz oder anderen Ländern, die sich gerne ein Stück vom großen Kuchen der Nachbarländer abschneiden. Für den einfachen Einkommensteuerzahler ist dies allerdings keine Lösung, denn ein Konto in

Lichtenstein ergibt keine Befreiung von der Einkommensteuer. Noch nicht einmal eine Ermäßigung.

Auf diesen Auslandskonten landen in der Regel ganz normal versteuerte Gewinne von Unternehmen, Handwerkern oder Freiberuflern. Damit die Eigentümer für ihr schon x-mal versteuertes Geld nicht auch noch jedes Jahr Kapitalertragssteuern auf die Zinsen zahlen müssen, haben sie die Kohle ins Ausland transferiert. Natürlich nicht per Auslandsüberweisung, sondern ganz banal im Auto. Ich kann diesen Schritt durchaus verstehen, aber die bisherigen Gesetzgeber sind da anderer Meinung.

Nicht selten finden sich auf diesen Konten aber auch unversteuerte Schwarzgelder und das geht nun ja gar nicht! Wird aber gemacht. Inzwischen sind aber Bundes- und Landesregierungen durch eigentlich verbotene Hehlerei an viele gestohlene Daten gelangt und machen den Leuten die Hölle heiß. Zusätzlich wird vor einer Hausdurchsuchung die gesamte gleichgeschaltete Systempresse informiert und der arme Sünder kann gerne später für unschuldig erklärt werden, aber durch die Schmierenpresse ist er trotzdem absolut am Ende. Hier stellt sich die Frage: Kann eine kriminelle Bundesregierung eigentlich überhaupt über Straftaten ihrer Bürger urteilen? Oder anders gefragt: Sind Gesetze von Kriminellen (Regierung) überhaupt gültig? Gut, meine Sicht der Dinge wird noch nicht von allen geteilt und somit fällt diese Art von Widerstand wohl aus.

Steuersatz 1 % - höchstens

Während sich der kleine Widerstandskämpfer (Steuersünder) um die Verschleierung seiner noch ungesetzlichen Tätigkeit bemüht, wird es den großen Konzernen ganz einfach gemacht. EU Präsident Juncker, als er noch Premierminister in Luxemburg war, bot allen großen Konzernen dieser Erde einen Steuersatz von nicht einmal einem Prozent an. Und die Firmen kamen in Scharen. Je größer, desto geringer der Steuersatz. Was für eine gigantische Sauerei! Statt nun diesem Mann das Handwerk zu legen, wird er sogar noch zum Präsidenten der EU befördert und unser Finanzminister Schäuble beschimpft stattdessen die Konzerne. Das ist natürlich einfach nur verlogen. Wenn es in einem Land so geringe Steuersätze für die Großen dieser Welt gibt – und alles ist völlig legal, wer kann es ihnen verdenken, wenn sie ihren Firmansitz in dieses Paradies verlegen. Es bleibt ihnen sogar nichts anderes übrig, denn die Konkurrenz macht es ja auch und kein Kunde zahlt höhere Preise für Produkte, auch wenn auf dem Karton steht, dass die Firma bewusst hohe Steuern in Deutschland entrichtet.

Allein diese gewaltige Sauerei rechtfertigt eigentlich einen Widerstand nach dem Grundgesetz!!

Während der kleine Mann und die kleine Firma zur Erbschaftssteuer herangezogen werden, ist dies für Kapitalgesellschaften natürlich auch kein Problem. Eine Aktiengesellschaft stirbt nicht, sie geht höchstens pleite oder löst sich aus verschiedenen Gründen auf. Die Aktien befinden sich verstreut auf der ganzen Welt und stirbt ein Aktionär, so berührt dies die Gesellschaft gar nicht. Es steht plötzlich nur ein anderer Aktionär in der Liste für die Dividenden. Familienunternehmen haben da einen klaren Wettbewerbsnachteil, weil sie bei jedem Generationswechsel blechen müssen.

Die Erbschaftssteuer ist ohnehin nur eine widerliche Neidsteuer!

Steuerrevolution

Wer nach all diesen Schilderungen noch immer der Meinung ist, dass es bei uns eine Steuergerechtigkeit gibt, dem ist nicht zu helfen. Vielleicht wacht er aber eines Tages doch noch auf, während er sich in einer Schlange vor der staatlichen Suppenküche befindet, weil sein

Vermögen vollständig beim Finanzamt gelandet ist. Dann ist es allerdings zu spät.

Revolutionen haben leider einen gewaltigen Nachteil: Sie gehen selten gut aus. Dies liegt an den Revolutionären, die sich alle gegenseitig nicht das Schwarze unter dem Fingernagel gönnen. Mal geht es um Macht, mal um Geld, meistens um beides. Das war leider schon immer so. Wir beobachten dieses Naturgesetz auch bei Steuerhinterziehern. Jeder Steuerhinterzieher hält genau den Betrag, den er selber am Fiskus vorbeischleust, für die exakte ethisch vertretbare Obergrenze. So schimpft der kleine piefige Sünder, der sein Wohnzimmer als Arbeitszimmer absetzt, auf die Bösen mit den eingesparten Millionen. Und so wird auch dieser Widerstand den Weg fast aller Revolutionen gehen und kläglich scheitern. Der Regierung ist dies natürlich bewusst und so wird sie grinsend weiter an der Steuerschraube drehen.

....

Weitere Bücher von Karl-Heinz Lenz auf den folgenden Seiten:

www.ingramcontent.com/pod-product-compliance
Lightning Source LLC
Chambersburg PA
CBHW031444210526
45464CB00005B/2319